RECLAIMING DEVELOPMENT:
An Alternative Economic Policy Manual

重诉发展：
替代性经济政策指南

〔英〕张夏准　〔美〕艾琳·格拉贝尔　著
袁　辉 译

Ha-Joon Chang and Ilene Grabel
RECLAIMING DEVELOPMENT
An Alternative Economic Policy Manual

Copyright @ Ha-Joon Chang and Ilene Grabel 2004, 2014
Foreword @ Robert Wade 2014

All right reserved

(中文版经版权方授权,根据英国Zed Books 出版公司 2014 年版译出)

目　录

致谢 1
缩写词表 2
序言 4
前言 18
导论：重诉发展 24

第一部分　关于发展的神话和现实

1. 神话 1：当今的富裕国家都是通过坚定奉行自由市场获得成功的 31
2. 神话 2：新自由主义有效 38
3. 神话 3：新自由主义全球化不能也不应该停止 ... 49
4. 神话 4：资本主义的新自由主义美国模式是所有发展中国家都应设法复制的理想类型 55
5. 神话 5：东亚模式是特殊的，英美模式是万能的 ... 61
6. 神话 6：发展中国家需要国际组织和政治上独立的国内政策制定机构提供约束 68

第二部分　替代性经济政策

7. 替代性政策1：贸易和产业政策 ………………………………… 77
8. 替代性政策2：私有化和知识产权 ……………………………… 103
9. 替代性政策3：国际私人资本流动 ……………………………… 126
10. 替代性政策4：国内金融监管 …………………………………… 169
11. 替代性政策5：宏观经济政策和制度 …………………………… 181

结论：重诉发展的障碍和机遇 ……………………………………… 216
参考文献 ……………………………………………………………… 220
推荐延伸阅读的文献 ………………………………………………… 229

致　谢

没有Zed出版公司杰出编辑罗伯特·莫尔特诺（Robert Molteno）的鼓励和建议，这本书是完成不了的。我们感谢Zed的新编辑肯·巴洛（Ken Barlow），他以高超的专业水平满怀热情地投入到《重诉发展》（Reclaiming Development）这本书的再版工作中。

邓肯·格林（Duncan Green）阅读了所有主要章节的第一版草稿并对其提出了很多有价值的意见。乔治·德马尔蒂诺（George DeMartino）审查了原稿的几版草稿，他的建议让每一版都有了巨大提升。

张夏准（Ha-Joon Chang）希望感谢韩国研究基金会，该基金会的BK2I计划支持了他对韩国大学经济系的访问，他在这个大学做客座研究教授时完成了原稿。

艾琳·格拉贝尔（Ilene Grabel）感谢丹佛大学的教师研究基金，该基金为她在本书的工作提供了财政支持，还有来自彼得·扎瓦日基（Peter Zawadzki）的高质量的研究协助。她还想感谢她在丹佛大学国际研究研究生院的优秀学生和她的非政府机构的朋友，他们支持她寻找替代新自由主义的具体政策。

缩写词表

CEO	Chief executive officer	首席执行官
ECLAC	Economic Commission for Latin America and the Caribbean	拉丁美洲和加勒比经济委员会
ERP	Economic Report of the [US] President	[美]总统经济报告
EPZs	Export processing zones	出口加工区
FTAA	Free trade area of the Americas	美洲自由贸易区
FTZs	Free trade zones	自由贸易区
FDI	Foreign direct investment	外商直接投资
GATT	General Agreement on Tariffs and Trade	关税与贸易总协定
HDR	Human Development Report	人类发展报告
ISI	Import-substituting industrialization	进口替代工业化
IPRs	Intellectual property rights	知识产权
IMF	International Monetary Fund	国际货币基金组织
ILO	International Labour Organization	国际劳工组织
LTCM	Long-Term Capital Management	长期资本管理
MNCs	Multinational corporations	跨国公司
NIH	National Institute of Health	国立卫生研究院
NICs	Newly industrializing countries	新兴工业化国家
NGO	Nongovernmental organization	非政府组织
NAFTA	North American Free Trade Agreement	北美自由贸易协定

OECD	Organization for Economic Cooperation and Development	经济合作与发展组织
PI	Portfolio investment	证券投资
R&D	Research and development	研究与开发
SOEs	State-owned enterprises	国有企业
SAPs	Structural adjustment programmes	结构调整方案
TRIPS	Trade-related aspects of intellectual property rights	与贸易有关的知识产权问题
TNCs	Transnational corporations	跨国公司
UN	United Nations	联合国
UNDP	United Nations Development Programme	联合国开发计划署
VAT	Value-added tax	增值税
WTO	World Trade Organization	世界贸易组织

序　言

　　奇怪的是，经济学中缺乏争论——真正的争论。当然，即使是在 21 世纪初，新古典主流经济学的大师们一致认为西方宏观经济学进入了"大稳健"（产出波动性低、失业率低、通胀低）的永久良性状态，在北美和英国核心地区，也有不同意见。但在大多数情况下，新古典主义主流忽视这些不同意见，而不是与其争论。

　　大崩盘和随之而来的大萧条是对大稳健信条的有力反驳。新古典主义主流如何解释大崩盘和未能预见的原因？2008 年 11 月，仅仅雷曼兄弟倒闭几周后，英国女王访问了伦敦经济学院，听取了经济学家们关于金融动荡加剧的简报。她问："为什么没有人注意到金融动荡？"随后，33 位英国经济学家、政治学家和历史学家在英国科学院的主持下召开了会议，回答了女王的问题，其中两位将会议达成的共识写信告诉女王。核心观点是：

　　无法预见金融危机的时间、程度、严重性并加以阻止……主要是由于国内外很多聪明人的集体想象力未能理解整个系统的风险。[①]

[①] Tim Besley and Peter Hennessy, letter from the *British Academy to the Queen*, 22 July 2009, emphasis added.

这封信没有暗示"集体想象力……未能理解整个系统的风险"的可能原因。我认为集体想象力的失败（不是经济学家通常认为的变量）反映了自20世纪60年代以来，新古典主义范式在英国经济学中占据主导地位，它提出了一种认知上的和规范性的一元文化，即关于世界如何运转以及它应该如何运转的基本信念。

伴随着2008年西方大崩盘，出现了一系列自20世纪80年代以来的金融崩溃，新古典主义关于资本主义经济如何运作的概念框架显然出现了系统性谬误。该框架提出了很多理论，这些理论证明且支持西方经济体结构——该结构导致金融脆弱性不断上升；这种框架使得几乎所有专业经济学家看不到即将到来的金融崩溃。作为自封的社会科学女王，经济学辜负了社会对其专业知识和职业道德的信任。

导致这种辜负的更深层次原因在于，新古典主义范式的主导地位和它对其他理论框架较低的接受程度，这些理论框架对同一现实问题提出了与经济学相互矛盾的主张。相反，物理学早已接受了"互补多元主义"需求（这与经济学中的假设不同，经济学中的多元主义在定义上是竞争性的并且只有"适者生存"）。这一论断来自于1926年爱因斯坦对维尔纳·海森堡的评论："你是否观察到一件事取决于你所使用的理论，理论决定了能观察到什么。"[1] 因此，物理学的健康发展取决于可以接受多种框架，即使是在相互不一致的情况下（例如，相对论和量子力学）。在经济学中，很难实现这种包容，因为不同的理论框架代表着关于美好社会的不同价值观，这在某种

---

[1] Quoted in Edward Fullbrook, 'To observe or not to observe: Complementary pluralism in physics and economics', *Real-world Economic Review* 62, December 2012.

程度上与物理学不同。既然知道这些框架代表了意识形态，就更需要专业人士提高警惕，将爱因斯坦评论中的观点制度化，并不遗余力地坚持互补多元主义。接下来讨论的是，当前主流经济学如何建立关于资本主义经济如何运作的谬论，并将其他理论框架边缘化；这直接催生了重诉发展的价值。

新古典范式

新古典主义范式将"市场"视为社会组织的一种"天然的"形式、一个"自由"的领域。市场的一个主要优点（更具竞争性而非垄断形式）在于它是一种没有"权力"干预的协调和激励机制。另一方面，新古典范式认为"国家"是"人为的"，与权力有关，因此其每一个"干预"只能以纠正"市场失灵"为理由（新古典经济学的新自由主义变体更进一步，认为国家天生就是掠夺性的）。

更深一步，在新古典主义主流的认识论中，假定经济理论表述客观世界而不是改变它，就像物理学表述客观世界而不是改变它一样；这导致了一种假设，用著名新古典主义经济学家、前美国财政部长劳伦斯·萨默斯（Lawrence Summers）的话说，"经济学定律就像工程定律一样。一套法律适用于任何地方。"

经济学是物理学或工程学的社会等价物这一观点有几个含义。第一，理论知识应该用数学表达——事实上，为了可以累积计算，必须用数学表达。第二，相关的经验数据必须是定量的；定性信息仅作为量化过程的一个步骤。第三，随着时间的推移，经济学和物理学一样，描述客观世界的理论和经验知识的精确性不断提高。因此，每一代人都只需要关注最近的著作，因为同行评议和在"顶级"期刊上发文的求真机制确保了最近的著作已经汲取了早期研究的精华。（人们不会为了理解电的本质而回到电力先驱者生活的时代。[1]）

与权力和阶级的阻隔

这种将经济学视为物理学或工程学的社会等价物的想法也阻碍了权力和阶级对经济行为和经济政策产生广泛影响；从而有助于将不重视制度安排的做法合理化，尽管这种制度安排已使收入和财富高度集中于金融和商业顶端。[2] 长期任职于英国财政部并作为首相撒切尔经济顾问的艾伦·巴德爵士（Sir Alan Budd）在一篇公开评论中透露，主流经济学的观点成为提高租房业主、金融家和高级管理层地位，削弱工薪阶层集体谈判能力的计划的合法化依据。回顾20世纪80年代，他评论道：

> 撒切尔政府一刻也不相信（货币主义）是降低通胀的正确方法。但他们确实看到，这是提高失业率的一个非常好的方法。提高失业率是降低工人阶级力量的一种极为可取的方式……至于它制造了什么——在马克思主义看来——是一场资本主义危机，重建了劳动力储备大军，并

---

[1] On the transformation of US economics between the 1920s and the 1960s, see Robert Wade, 'Beware what you wish for: lessons for international political economy from the transformation of economics', in Nicola Phillips and Catherine Weaver (eds), *International Political Economy: Debating the Past, Present and Future*, London: Routledge, 2011, 92—104.

[2] Robert Wade, 'Why has income inequality remained on the sidelines of public policy for so long?', *Challenge* 55 (3), May–June 2012, 21—50.

使资本家从此获得了高额利润。①

同样的有关阶级冲突的逻辑可能推动了当前全欧洲齐心协力推行的"节俭"运动。政治家和经济学家——他们并不担心失业,甚至可能不知道谁失业——让公众关注削减公共支出的必要性(特别是福利支出,有别于国防、银行救助等),远离对就业危机的思考。那些关注就业危机的人很可能会发现他们会被指控为发动工薪阶级战争,而他们的对手则不会被指控。2008年奥巴马总统竞选期间曾呼吁让百万富翁和亿万富翁缴纳更高的税收,当时许多共和党人和之前不分党派的富有商人也是这样指责他的。②

当然,很少人像巴德所说的那样鲜明地维护本阶级的利益。维护的依据来自于一套理论体系,该理论明显支持更强势阶级的制度。那些根本不同意"普遍真理"的人被视为对理论一无所知,因此不值得与之争论。任何将经济作为阶级体系进行建模的经济学家都会被边缘化。实际上,经济学家甚至很少谈论"资本主义",取而代之地,采用更令人放心的术语"市场体系",这使他们不再关注关于资本主义内在不稳定性的文献。

金融作为"引擎中的汽油"

在局外人看来,新古典宏观经济学范式最令人惊讶的扭曲是假设金融系统运转是在被动地适应"实体"经济,就像汽油只是被动地适应

---

① Quoted in N. Cohen, 'Gambling with our future', *New Statesman*, 13 January 2003, emphasis added.

② Thomas Frank, *Pity the Billionaire*, London: Harvill Secker, 2012.

内燃机的运动,而不是驱动它一样。反之,如果接受这种假设,那么就没有必要对金融部门进行严格监管。宏观经济模型也没有必要包括金融部门(这需要模型识别出信贷增长促进总需求增长)。自20世纪70年代以来,少数分析资本主义金融系统内生(或内在)不稳定性的宏观经济学家一直被忽视。正如保罗·克鲁格曼所说,

> 到1970年左右,关于投资者非理性、泡沫和破坏性投机的讨论几乎从学术讨论中消失了。[1]

大卫·科兰德(David Colande)详细阐述道:

> 核心宏观经济课程几乎只讲授DSGE(动态随机一般均衡)建模。像桑顿、白芝浩、凯恩斯、明斯基、希克斯、克洛尔、莱荣霍夫德、格利、戴维森、古德哈特、克洛尔,甚至弗里德曼等(那些专注于金融不稳定动态的人)的著作消失了。过去二十年,大多数毕业生甚至连这些人的一半都没听过,更不用说读他们的著作了。[2]

21世纪初,随着美国和英国的资产市场受到泡沫动力学的影响,主流经济学家继续忽视海曼·明斯基(Hyman Minsky)等研究金融不稳定性的理论家的工作。[3]

---

[1] Paul Krugman, 'How did economists get it so wrong?', *New York Times Magazine*, 6 September 2009.

[2] David Colander, 'Is the fundamental science of macroeconomics sound?', American Economic Association Annual Conference, Denver, CO, 2011.

[3] The ideas of Keynes were also relegated to the margins. The Economist described him, de haut en bas, as 'an English economist whose theories held sway in the two or three decades after the second world war' ('Economics focus: cycles and commitment', 16 October 2004, 98). The Faculty of Economics at Cambridge University, Keynes's base for decades before his death in 1946, has taught no Keynesian macroeconomics for many years.

经济学家想当然地认为,他们不需要考虑放松管制模型的替代方案,这些放松管制模型得到了诸如美联储主席艾伦·格林斯潘等支持,他在2004年公开承认支持这些放松管制模型,带着摩西从西奈山返回时的自信:

不仅个体金融机构不再那么容易受到来自潜在风险因素的冲击,而且整个金融系统的适应性也逐渐增强。[1]

放松管制模型的失败可能造成的危害和备选方案中可能的风险,都被视为无关紧要。

新古典政策处方的最大值基础

非主流经济学家乔治·德马蒂诺(George DeMartino)将这种绝对的方式视为"最大值":一种进行政策选择的决策规则。根据这个规则,所要选择的政策"在其多种可能的后果中,有一种后果比其他任一可用政策的所有可能后果都要好"[2]。也就是说,最大值说选择具有最好可能后果的政策,不管后果实际发生的可能性有多大。它不需要大规模收集证据和替代政策来评估后果实际发生的可能性。

---

[1] Alan Greenspan, 'Remarks at the American Bankers Association Annual Convention', *New York*, 5 October 2004.

[2] George DeMartino, "*The Economist's Oath: On the Need for and Content of Professional Economic Ethics*", Oxford University Press 2011; also 'The economic crisis and the crisis in economics', in Martha A. Starr(ed.), "*Consequences of Economic Downturn: Beyond the Usual Economics*", New York: Palgrave Macmillan, 2011, 25—44. The quotation is from Robert Nozick, Anarchy, "*State and Utopia*", New York: Basic Books, 1974, 298.

因此，对于英国科学院学者没有回答的问题，部分答案是经济学家"集体想象力的失败"是由于新古典主义经济学家完全接受了最大值规则，而这一规则容许对放松管制可能出现的问题不予关注（以及容许对在更广泛的背景下新自由主义政策其他标准配方可能会出什么问题不予关注）。我们知道工程师和公共卫生专家等专业人士会关注处方可能出现的问题；但不知何故，经济学学科对此不关注。完全接受最大值规则本身就说明了新古典主义范式占据更大的主导地位，也说明了自20世纪60年代以来知识多元主义的规范已经被侵蚀。[①]

维护范式的艺术

新古典主义范式是如何在"那么多国内外聪明人"的头脑中不断复制的——正如英国科学院的信中说的那样？它被一种职业激励结构所复制，这种结构奖励符合范式的人，惩罚持不同意见者。其这样做的能力超过其他社会科学学科。它的一个主要反馈机制是期刊排名。一个基于引用的标准排名，前五名为：[②]

1. 美国经济评论

2. 计量经济学

3. 政治经济学杂志

4. 经济理论杂志

[①] On the transformation of US economics between the 1920s and the 1960s, see Wade, 'Beware what you wish for'.

[②] www.sceco.umontreal.ca/presentation/jeea2003.pdf.

5. 经济学季刊

几乎所有发表于顶级期刊上的文章都符合三个标准：它们在新古典主义范式下讨论问题；他们提出了一个规范模型；他们使用定量技术。那些发表不符合这些标准的论文的期刊往往排名较低。例如：

77. 剑桥经济学杂志

108. 经济问题杂志

113. 后凯恩斯主义经济学杂志

对于有抱负的年轻经济学家而言，一般来说，与其在排名靠后的期刊上发表文章，还不如不发表文章。这种从期刊排名到职业排名再到期刊排名的累积因果关系强化了单一文化。

研究资助是另一种反馈机制。荷兰经济学家德克·贝泽默（Dirk Bezemer）查阅了 2008 年后的文献，找出哪些经济学家具体预警了美国资产市场的泡沫动态，结果发现只有 12 个人。[①] 他们都拒绝了"有效市场假说"（该假说认为像对待引擎中的汽油一样对待金融部门是合理的）；相反，他们认为金融部门是实体经济不稳定的根源，通过金融部门，信贷增长促进了总需求的增长（远超实体经济的承受范围）。他们都追踪了 21 世纪初的信贷增长。这些经济学家的另一个共同点是，他们都被边缘化了，被称为"非主流"。其中一位澳大利亚经济学家史蒂夫·基恩（Steve Keen），自 1996 年以来向澳大利亚研究委员会（Australian Research Council）提交的发展债务

---

① Dirk J. Bezemer, 'Understanding financial crisis through accounting models', *Accounting, Organizations and Society* 35（7）, October 2010, 676—88.

通缩模型的资助申请已被拒绝了九次。①

随着21世纪金融脆弱性的不断上升，

> 经济学专业未能履行其对社会的义务，因为它未能激发和维护其成员对极其复杂和重要问题的多样性观点，未能向市场参与者、政策制定者和公民提供对金融自由化潜在风险和替代方案的报酬与风险状况的概述。这些错误本是可以避免的。②

我们还可以发现另一种机制，随着泡沫的发展，21世纪经济学专业越来越倾向于忽视相反的、现实的证据和理论。美联储、美国财政部和世界银行等大型机构的运行遵循的是"行动逻辑"，而不是"决策制定逻辑"。后者需要考虑一系列可能的政策及其利弊。行动逻辑只需要——夸张地说——考虑两种选择，其中一种是荒谬的；因为当官员确信"别无选择"（TINA）时，他们将更加致力于实施一个最好的政策。在任何重大问题（如贸易政策）上，机构不允许其成员表达不同意见，至少不能超过初始阶段；它必须通过发布一个关于正确观点的明确指导方针，并通过污蔑不同意见和持不同意见者（例如，提倡在某些条件下管理贸易的人）来消除深层的怀疑。如果是全球性机构（如世界银行），其指导方针必须被视为是普遍适用的。

这种"行动逻辑"强化了经济学界的"经济定律。就像工程定律"的信念，从而产生了像世界银行的国家政策和机构评估（CPIA）

---

① Steve Keen, *Debunking Economics: The Naked Emperor Dethroned?*, revised and expanded edn, London: Zed Books, 2011, 457.

② DeMartino, 'The economic crisis and the crisis in economics', p. 40, emphasis added.

公式等那样逐渐一致的机制。使用一套具有普遍性的评分标准的公式,世界银行每年对借款国政策和机构的发展程度进行评级。例如,要在"贸易政策"下获得最高分数,一国必须有一个几乎完全自由的贸易体制;要在"劳动力市场制度"下获得最高分,一国必须近似于没有集体谈判,诸如此类。这是华盛顿共识,已经明确成为运行标准,并被认为是关于所有国家都必须走向自然市场秩序的普遍真理。

另一个例子是G7财长的公报。自1986年以来,他们每四到六个月开一次会,讨论如何处理失业、汇率波动、七国集团增长缓慢、新兴市场金融危机、发展中国家增长加快等重大共同问题。值得注意的是,截至2008年的二十多年中,他们一直坚信,这些问题的解决办法在于让市场更好地运转,防止市场失灵。在宏观层面,他们呼吁低通胀和低财政赤字;在微观层面,他们呼吁更灵活、监管更宽松的劳动力市场、更高的金融市场透明度以及更细致的银行审慎监管等。即,他们呼吁政府政策更加符合私人市场偏好,特别是在劳动力和金融问题上;政府不应该让私人市场受到更严格的约束。他们对证据视而不见,这些证据与放松管制的劳动力市场最有利于就业和生产率增长的信念相矛盾。

七国集团继续坚持非凯恩斯主义政策是值得注意的,因为这一时期七国集团实现了非常低的通胀和低预算赤字,大部分国家朝着劳动力市场更灵活且金融市场更透明的方向发展。尽管如此,经济表现并没有太大改善——但七国集团继续实施该政策,将其视为唯一的选择方案,因为他们在认知上和规范上都坚信新古典主义主流。

第三个例子,发生在2012年,一名贸发会议高级官员(联合国贸易和发展会议，一个发展中国家的"智库"）和一名欧洲驻贸发会议大使在关于贸发会议未来工作方案的谈判中进行交流，在谈判中，欧洲和美国都试图阻止贸发会议撰写有关全球金融危机的事情。

> 联合国官员："国际组织是否应该就如何应对全球金融危机发表一致意见？"
>
> 欧洲外交人士："我想是的"（个人通讯）[①]

他希望G20（由G7主导）和IMF（也由G7主导）来确定应对全球金融危机的对策。

最后，这里引用一位英国最受尊敬的学术经济学家的话，他在2007—2010年是政策制定的关键人物（从危机前到危机后）。2012年1月，他坚定地宣布：

> 凯恩斯是一场灾难。斯基德尔斯基（近代著名的凯恩斯主义者）应该被关起来。克鲁格曼已经失去了经济学界的尊重。（个人通讯）

没有迹象证明他们对于自己在理解危机动态方面所犯的惊人的错误进行了任何再思考，也没有迹象证明经济学界开始接受一种知识多元主义的新规范。

重诉发展

这里描述的几种机制和看法的结果是，经济学界的工作方式几乎不允许正面争论。举一个小例子，在整个行业中，几乎没有任何

[①] See Robert Wade, 'The art of power maintenance: How Western states keep the lead in global organizations', *Challenge* 56（1）, January–February 2013, 5—39.

机会接近《前景》杂志的做法，即两位持相反观点的人交换三次信件，所有六封信件都同时公开，因此读者会了解信件的全部内容。①

重诉发展是次优的事情。它罗列了一系列的主流论点，随后对之进行了批评。其中的有些论点是实证主义的，探讨世界如何运转；例如，"今天的富裕国家通过持续支持自由市场取得了成功"，"东亚模式是独特的；英美模式是普遍的"。其他的论点是规范性的，探讨应该做什么。例如，"新自由主义学派关于汇率制度的观点是：浮动汇率制度是所有发展中国家都应该努力实现的理想"；接下来的回应是"拒绝新自由主义关于货币可兑换的观点：不受限制的货币兑换可能造成货币贬值和崩溃、资本外逃和金融不稳定。相反，限制可兑换性可以减少这些问题"。

自始至终，新古典主义或新自由主义论争都是使用论点的拥护者才会使用的术语来阐述，而不是简明地、雄辩地击倒那个论点；作者的回答也同样四平八稳。《重诉发展》于2004年首次出版。接下来的四年里，直到2008年末，新古典主义的思想被"有效市场"假说和"大节制"等观点所占据，对不同意见持封闭态度。现在是2013年，大萧条已经过去了五年，大萧条原因牵涉本书质疑的新自由主义药方。而一些其他思想可能对不管是实证的还是规范的替代观点都持开放态度。任何对普遍的经济论争和更具体的经济发展问

---

① See, for example, Robert Wade and Martin Wolf, 'Are global poverty and inequality getting worse?', *Prospect* 72, March 2002, pp. 16–21; Robert Wade and Anatole Kaletsky, 'Is global finance out of control?', *Prospect* 141, December 2007, 20—24.

题——这些归根结底是关于不断增长的世界人口如何在日益严格的生态约束下实现繁荣——感兴趣的人,都会对张和格拉贝尔提出的新古典主义论点以及对其所做的建设性的反驳感兴趣,并享受其中展现的活泼的文风和智慧的洞见。

伦敦经济学院政治经济学教授　罗伯特·H. 韦德

前 言

自从我们2004年写完这本书后,很多东西已经变了。那个时候,我们从国家具体经验和发展经济学的前沿研究中受到启发,竭力想象一系列可能促进公平、稳定和可持续的经济发展的具体经济政策。毫不相瞒,那个时候我们对于这些明确提出的政策能立马实施根本不抱很大希望,因为这些政策与那个时代沉闷的新自由主义思潮背道而驰。那个时候主要的多边机构——尤其是国际货币基金组织(IMF)和世界银行——以及南半球许多国家的经济部门,其发展政策都受到了新自由主义正统思想的影响。

回想一下,现在发现我们对可能性的估计过于悲观。回顾过去,21世纪早期有很多重要事件,标志着经济发展的政策空间开始扩大。但是2008年的全球金融危机和一些发展中国家在对抗危机中所取得的成功(以及他们用来应对危机的多样化政策),把新自由主义模式中的潜在分歧转化为我们现在所看到的南半球日益开放的政策创新和实验环境。

我们应该把现在所看到的这些作为新自由主义发展方法终结的

开始。① 对发展模型的质疑始于1997—1998年东亚金融危机之后。实际上，得益于事后的教训总结，我们现在发现东亚危机在今天的政策空间拓展中起到了关键作用。

短期内，亚洲金融危机通过各种各样的机制推动发展中国家在很多方面实施自由主义改革，甚至在自身发展经验和这个模型相矛盾的国家（比如韩国）也是如此。IMF将一些应急安排作为向东亚国家提供的援助，在安排中明确规定了被援助国实行宏观经济政策收缩、市场灵活性、私有化、经济开放的条件，援助要求外国投资者有机会进入之前受保护的领域，比如银行业，并进一步承诺实施出口导向型增长。因此，东亚危机加大了许多国家实施新自由主义的压力，虽然少数国家（最具代表性的是中国和印度）抵制这些趋势。那时不管是东亚金融危机还是危机的应对都没有显露出什么新的特质。

但实际上，东亚危机标志着发展学界的新自由主义共识开始逐渐走到尽头。东亚危机后随之而来的对政策空间的严格限制为发展的新愿景创造了动力——发展中国家必须实施新的策略和制度来阻止1990年代后期事件的重演。受IMF掌控的东亚政策制定者承受

---

① 这篇序言中的讨论大量引用了伊琳·格拉贝尔提出的论点，"不是你爷爷的IMF：全球危机，'生产性不连贯'，和发展方面的政策空间"，《剑桥经济学杂志》35（5），2011年9月份，805—830；"金融结构和发展：南半球的适应力、政策空间和人类发展"，为联合国开发计划署和2012年人类发展报告准备的背景论文，http://hdr.undp.org/en/reports/global/hdr2013/occasional-papers/07_Grabel.pdf；"生产性不连贯时期的资本控制的重塑"，政治经济学研究协会工作论文318页，马萨诸塞大学阿默斯特分校，2013年5月，即将发表在《国际政治经济学评论》上。

了一定的困难和耻辱,一些亚洲国家和其他成功的发展中国家的政策制定者设法使他们自己免于这种境地。具体的目标就是逃离 IMF 的控制。他们依靠一系列战略来实现这一目标,其中尤其突出的是通过扩大官方(外汇)储备来应对未来的危机,进而实现自保。

在机构层面,东亚危机将该地区的注意力转向建立一个制衡甚至是替代 IMF 的机构。1997 年夏天,随着地区危机开始显现,有人开始对建立一个亚洲货币基金感兴趣。随着日本和中国关系变得紧张,设立亚洲货币基金的提议最终被搁置;而事实上,这种紧张关系被国际货币基金组织和美国财政部巧妙地利用了。

尽管亚洲货币基金组织的倡议搁浅了,但是它也为处理亚洲危机付出了高额代价。事实上,因为这次危机,IMF 没有达到目的,损害了自身名望,减少了相关方的支持。21 世纪早期,对这个机构资源的需求处于历史低谷。2005 年,只有六个国家与基金组织签订了备款安排,这是 1975 年以来的最低数。从 2003 年到 2007 年,基金的贷款组合显著收缩:从 1050 亿美元缩减至不到 100 亿美元。与东亚危机相关的贷款还清之后,基金的贷款组合甚至进一步缩减,因为那些能够承担起这样做的后果的国家有意远离了这个机构。这个趋势彻底削弱了 IMF 的区域影响力。在这种情况下,IMF 对于管制资本国际流动的政策(比如被称作'资本控制'的政策)所持的反对态度开始有所缓和。[1]与此同时,世界银行对于工业化政策一贯的反对态度也开始有勉强改变的迹象。

---

[1] 这一改变在全球危机期间加速。详细讨论见格拉贝尔(Grabel)的"资本控制的重塑"(The rebranding of capital controls)。

首先，目前的危机对于IMF来说似乎是有利的。它通过重新确立其作为金融危机第一资助者的中心地位，而将自己从东亚危机后无关紧要的位置上拯救出来。尽管规模缩减了，在应对金融困境的经验方面，IMF仍然处在垄断地位。欧洲边缘国家的事件对于IMF的复兴起了很大作用。20国集团（G20）做出的决定也为IMF的复兴提供了便利。2009年4月的G20峰会不仅恢复了IMF的托管权，还为这个机构带来了大量新的资金。出席国以基金的形式投了1.1万亿美元来对抗金融危机，其中的大部分通过IMF来实现。

但是IMF地位的恢复与重要的改变相关。IMF史上第一次发行了自己的债券，这为IMF获取发展中国家史无前例的金融支持提供了途径。2009年的G20峰会，几个发展中国家（中国、巴西、俄罗斯、韩国和印度）向基金投了900亿美元。随着欧元区危机逐渐显现，IMF的总裁克里斯蒂娜·拉加德（Christine Lagarde）呼吁发展中国家第二次投入资金进行援助。2012年6月，宣布发展中国家投入新的资金，那时金砖五国（即巴西、俄罗斯、印度、中国和南非）领导人在G20领导人峰会前夕进行了非正式会晤。中国投入430亿美元；巴西、俄罗斯和印度分别投入100亿美元；同时南非承诺了20亿美元。这些新的资金投入反映了这些新兴经济体的经济实力和经济独立。实际上，当它们开始向IMF提供大量资金的时候，发展中国家对于IMF内部管理改革的需求变得更加直言不讳。到目前为止，这些需求导致了对于改变机构内的投票权重这一提议，达成非常温和的同意（虽然这些还没有得到美国的批准）。但是我们可以下结论，IMF的管理改革已经明确提上了议程。

同样重要的是,当前的危机也标志着该机构在南半球区域的影响力大幅削弱。那些危机期间能够保持自身独立性的发展中国家已经利用由此得来的政策空间去实施多种逆周期的宏观经济政策。这些方案包括确保国内企业获得能负担得起的信贷的方案、实施扩张性货币政策和财政政策(详情见第10章和第11章);还有资本控制(详情见第9章)。与此同时,发展中国家拓展了现有的区域性的、次区域性的、双边的和全国性的金融制度和安排,并且设立了新的机构。[1] 同样重要的是,这些独立国家(比如巴西、中国和印度)的行为为不那么强大的国家提供了范例,而这些应对当前危机的方式在以前的危机中简直是难以想象的。

可以明显地看出,东亚危机和当前危机为新的资源集聚方式、南半球金融结构多样性的发展、全球经济治理权力重大转移的开始等创造了条件。值得注意的是,甚至像世界银行这样的机构的近期报告都开始承认"经济多极化"趋势了。在美国和欧洲经济正面临严峻且持久挑战的背景下,经济多极化正在形成;与此同时,部分发展中国家的经济显现出活力。[2] 还有一个情况是,那些在全球危机中表现良好的发展中国家的政策制定者的行为方式越来越果断和独立,这进一步限制了IMF的影响。正如亚洲危机为机构发展打下了基础,机构发展在当前的危机中也得到了深化,因此,我们真切希望当前危机能够在下一个不稳定时期出现时,沿着已经存在的路线,

---

[1] 见格拉贝尔的"金融建构和发展"(Financial architectures and development)。
[2] 世界银行,2011全球发展视野,多极化:新全球经济,华盛顿特区:世界银行,2011。

并朝着尚未想象的方向，促进进一步的创新。

我们现在提供这本书的新版本，强烈希望我们在2004年明确阐述的政策能够落地实施。在我们看来，出人意料的变化是我们在这里呼吁的各种策略在政治上的可实现性。我们认为这本书现在再版，可以说，比我们第一次出版的时候更加合宜。因此，我们决定不对书的内容进行修改。它的目标始终是对广大发展政策领域进行广泛而局部的调查，这些政策有助于实现稳定、可持续和公平增长。现在，与以往一样，关于发展路径要说的太多了。我们希望这本书的再版会给这些路径的探索和实现做出一些贡献，同时也使重诉发展理论适用于更宽广的领域，这是我们写作这本书的第一动力。

张夏准，艾琳·格拉贝尔

2013年5月

导论：重诉发展

"别无选择。"这是英国前首相撒切尔夫人的一句名言。那时，人们普遍反对她在20世纪80年代进行的激进的新自由主义改革。撒切尔的名言充满了必胜信念、狂妄自大和故步自封，它们与新自由主义正统一道，支配了20世纪最后25年世界范围经济政策的讨论。

本书始于如下前提，即"别无选择"的断言从根本上来说是不正确和极度危险的。正如全书将详细指出的，存在可行的替代新自由主义政策的方案，它们能够促进快速、公平、稳定和可持续的经济增长。当然，其中包含一些尚未采用过的政策，但是许多其他政策已经被全球实践证明值得推广。在这里，我们提供这些替代方案是为了粉碎"别无选择"的理念，为全球如火如荼的"重诉发展（reclaim development）"运动贡献力量。

本书出现的时机很合适，有三个原因。第一，现在有充分和更多的证据表明，与新自由主义议程相关的经济政策并未实现其首要目标，反而带来严重问题，特别是在发展中国家。第二，大量历史和现实证据表明，存在很多种发展道路。我们主张，成功的发展是不同经济政策的结果，其中大多数与今天新自由主义经济学家提倡的政策恰好相反。第三，目前，新自由主义经济学家强大的信心似乎在动摇。事实上，近来很多新自由主义经济学家已经撰文表示他们对新自由主义政策的某些方面已不再抱有幻想，这些政策通常以"华盛顿共识"而著称。对发展议程的明显反思使一些评论家视其为"后华盛顿共识"或"后新自由主义"政策议程。重要的例子包括佩德罗-保罗·库津斯基（Pedro-Paul Kuczynski）和约翰·威廉姆森（John Williamson）的《华盛顿共识之后》（*After the Washington Consensus*）(2003)，以及国际货币基金组织的经济学家团队（Prasad etc., 2003）关于金融全球化的热门研究。

初始版本华盛顿共识政策的主要设计者对发展政策的反思尝试激励了我们。[①] 但是，向新工作的转向并不意味着华盛顿共识的设计者们现在已经恍然大悟，并已真心接受新的思考方式，后者超出了他们先前的政策处方。相反，这一新的思考方式仅仅试图通过修改一些非核心的政策处方，从而将华盛顿共识的核心教义从尴尬和被驳斥中拯救出来。实际上，这一新的思考方式在许多重要政策领域重申甚至扩展了新自由主义特征（比如增长的对促进劳动力市场弹性的关注）。哈佛大学经济学家丹尼·罗德里克（Dani Rodrik, 2002）非常恰当地创造了"升级版华盛顿共识"来指代这一方向上的工作。

本书旨在为发展中国家提供真正的替代方案，以取代华盛顿共识——不管是升级版还是其他。我们的目标就是重诉发展，从而超越在上世纪最后四分之一的时间里支配发展政策讨论的新自由主义

[①] 特别的，我们欣喜地看到，新自由主义者的最新工作承认，不受限制的国际资本流动会给发展中国家带来投机泡沫和金融危机。

正统。我们将解释新自由主义政策如何以及为什么会在发展中国家遭遇失败,并表明存在一系列可实现的合意的替代性政策。

我们从本书的第一部分开始展现和驳斥六个主要的"发展神话",它们被用来为新自由主义政策辩护,但在20世纪的最后25年里,它们给发展中国家带来灾难性后果(参见第1—6章)。第二部分是本书的核心,我们向实践家、政策制定者和发展政策的学习者提出了一系列优于新自由主义的具体政策选择。在这些章节中,我们尤为关注贸易和产业政策(第7章),私有化和知识产权(第8章),外资银行贷款、投资组合和外商直接投资(第9章),国内金融监管(第10章),以及汇率、本币、中央银行和货币政策、政府收入和支出(第11章)。在每一章中,我们都将解释新自由主义政策主张为什么在这些领域失败了,通常给发展中国家带来灾难性后果;并且提出一系列替代性政策,这些政策比新自由主义政策更能促进经济的快速发展,同时保证公平和可持续。

首先必须强调,提出这些建议所秉持的是多元主义和谦逊的精神。我们不赞同新自由主义的狂妄自大,因此并不认为存在理想且单一的通往"好"政策的路径。我们希望这项工作有助于促使发展中国家、多边机构、非政府组织和实践团体不断探索替代新自由主义体制的方案。

希望本书成为悲观主义的解毒剂,这种情绪可以在许多新自由主义的反对者身上发现,他们并没有挑战这些政策,而是认为不存在可信的替代方案。我们还希望本书能够鼓舞那些寻求替代新自由主义政策具体方案的人们。为了实现这些目标,我们将使用简单且易于理解的方式呈现我们的观点,以便使忙碌的政策制定者和没有受过经济学正式训练的人们都可以利用本书。但是,本书并不仅仅是发展政策的"新手指南"。专业经济学家同样会发现,我们的主张——即使是通俗地表达出来——牢固地建立在发展经济学前沿研究基础之上。

我们最大的希望是本书有用、给人以鼓舞且易于理解。但愿它能够激励那些寻求在全世界实现快速、公平、稳定和可持续经济发展的人们围绕如何重诉发展政策展开讨论。

第一部分　关于发展的神话和现实

  第一部分的章节考察六个独特但彼此关联的"发展神话"。这些神话组成了现如今正统观念的基础，作为发展中国家的既合适又可行的经济政策和制度类型的指导方针。这些分析构成我们在第二部分讨论替代性经济政策的背景。

  每一章都始于对发展神话的总体概括，通常表述为"神话"；随后将阐述通常用来支持神话的论点（"探索神话"）；最后，每章以对神话的详细反驳收尾（"拒斥神话"）。

1. 神话1：当今的富裕国家都是通过坚定奉行自由市场获得成功的

1.1 神话

当前工业化国家的成功源于坚定地奉行了自由市场的经济政策。不幸的是，如今许多发展中国家的政策制定者并未吸取经验，反而热衷于国家干预主义。但是，经济规律和历史无法逃避，国家干预道路注定失败。

1.2 探索神话

富裕国家通过自由贸易和自由的金融流动而实现繁荣。

许多经济学家认为，像英国和美国这样的国家之所以成为世界经济的领导者，是因为他们积极推行自由市场政策。[1]这些政策促进

---

[1] 这一政策体制被称为"自由主义（liberalism）"，其现代形式称为"新自由主义（neoliberalism）"。这个概念将在第二章详细讨论。

了市场而非政府导向的贸易和金融流动。这一战略在最小化政府干预范围的同时，鼓励资源、企业甚至观念（ideas）的私人所有。

根据这个观点，法国在19世纪输给英国从而失去世界主导地位，是因为其有臭名昭著的爱管闲事的政府。同样，过去10年日本经济遭受增长缓慢，也是因为日本的领导人未能将国家主导的经济自由化。

20世纪早期工业化国家贸易保护主义的失败插曲，最为清楚地证明了国家干预的行径是愚蠢的。随着18世纪以来英国自由贸易的成功，从19世纪70年代开始，今天大多数工业化国家都采取了自由贸易政策。自由贸易开创了前所未有的经济增长，一直延续到1913年。

遗憾的是，自由贸易时代终止于第一次世界大战以及随后的经济和政治不稳定。在这种背景下，政府屈从于保护主义的压力。大萧条加剧了国家干预的倾向：在20世纪30年代，政府相互设置了各种贸易壁垒，实施以邻为壑的策略，以期促进国内增长和稳定，却终是徒劳。保护主义者、国家主义者指向的贸易政策延长了大萧条的时间，破坏了全球贸易体系，助长了欧洲法西斯的热情。这些经济、社会和政治张力——作为从市场撤退的后果之一，很大程度上导致第二次世界大战的爆发。

"二战"之后，如今的工业化国家重新回到自由贸易政策。从那时起，它们就通过关税与贸易总协定（General Agreement on Trade and Tariffs，GATT）和更近的世界贸易组织（World Trade Organization，WTO）追求贸易自由化。与此同时，它们还放松对国内产业的管制，并将其私有化。这些积极举措促进了世界繁荣，特别是在发展中国家。

金融领域也是如此。在过去的两个世纪里，如今的工业化国家逐渐意识到解除管制、由市场调节（国内和国际）资本流动的好处。"金融自由化"涉及许多方面，包括市场配置投资基金、保护投资者权利和自由，以及维护透明度。虽然金融自由化倾向有时会发生逆转，但是如今大多数工业化国家都深度依赖市场调节国内和国际的金融流动。

发展中国家的政策制定者倾向于采取干预主义（interventionist）的经济政策，这些国家已经遭受损失。

获得独立之后，大多数发展中国家采取了高度干预主义的经济政策，进而导致经济停滞。

干预主义有多种形式。追求"幼稚产业保护"和"进口替代工业化"政策，政府采取高额关税、严格的配额和大量补贴隔离国内工业与国外竞争。同时，政府对关键部门国有化，建立国有企业（state-owned enterprises，SOEs），严格管控私营企业。此外，政府还通过银行国有、调节国内金融活动和限制跨国资本流动等来操纵投资。

直到20世纪80年代早期，大多数发展中国家实行干预主义政策。从那时起，这些政策被认为是彻底失败。幼稚产业的保护并没有实现促进形成具有国际竞争力的成熟产业的目标。国有企业也经营惨淡：政府补贴、与市场竞争的隔离，使它们臃肿、无效且依赖于政府。金融市场不健全，金融机构向那些没有资金就无法存活的企业提供资金。并且，对工业和金融的管控引起了广泛的腐败、官僚主义的繁文缛节，以及企业家才能的错配。同时，这些政策带来巨大的预算赤字和国际债务、快速的通货膨胀和数不清的经济混乱。

20世纪80年代横扫发展中国家的经济危机是这些错误政策的直接结果。危机促使政策制定者拥抱自由市场资本主义——但几乎为时已晚。

1.3 拒斥神话

富裕国家成功的"秘密"：如今的工业化国家并不是通过自由贸易和自由金融流动而变得富裕。

如果诚实地阅读历史记录，就会发现：如今的工业化国家在其发展早期以及较晚的阶段，倡导和依赖产业、贸易和金融的干预主义政策（参见7—11章以及Chang, 2002）。就贸易而言，当今世界最积极宣扬自由贸易的英国和美国，在其发展的早期争相利用了保护主义的政策。事实上，较之通常与贸易保护和产业管制联系在一起的德国和法国相比，它们甚至运用了更多的保护性政策。例如，在18世纪，英国实行了进口保护和出口促进的政策，以挑战荷兰和比利时的工业霸权（参见第7章）——"二战"后的几十年间，日本和其他国家实际上都采取了类似政策。

尽管如此，保护主义的桂冠非美国莫属！从19世纪中叶到第二次世界大战，美国是世界上最受保护的国家（20世纪早期的短暂时间内，只有俄罗斯成为一个更受保护的经济体）。美国也是幼稚产业保护的策源地，德国和日本之后也采取了这一战略并获得了成功（参见第7章）。

第二次世界大战之后,虽然实现了贸易自由化,为了重建和现代化被战争破坏的经济,大多数工业化国家也都使用了积极的产业政策。在"二战"后日本、法国、挪威、奥地利和芬兰的经济转型中,产业政策扮演了特别重要的角色。这一时期,对法国、奥地利和挪威来说,国有企业也十分重要。事实上,即便是美国也依赖产业政策,只是这一事实本身没有被识别。比如,美国对国防和医药研发的大量政府投资与支持、高额的农业补贴实际上带来明显的私人部门溢出效应。[①] 晶体管、雷达、电脑、核裂变、激光技术以及互联网的发展都可以直接追溯到联邦政府提供的与国防相关的补贴。

第二次世界大战之后,工业化国家也使用了各种干预主义的金融政策,并产生较大影响。这些国家在"二战"前遭受了持续的金融不稳定,究其原因在于它们中的许多当时要么没有中央银行,要么缺乏有效的金融监管。"二战"后的金融稳定(以及随后的经济增长)是作为这一时期独特现象的有效金融监管的结果。

在"二战"期间,日本和大多数欧洲大陆国家都将它们的金融部门从属于产业发展的需要,继而实现工业的快速增长。比如,法国政府(通过其控制的中央银行)确保金融体系能够实现产业政策目标。日本政府(通过中央银行和财政部)以具有吸引力的价格确保战略性工业部门能够获得充足资金。

[①] "二战"之后的全部时期,美国 1/2 到 2/3 的研发活动得到了联邦政府的支持(Mowery and Rosenberg, 1993: 表格 2.3)。1989 年,美国 46.4% 的研发活动得到了政府支持,而在同一年,日本的该项指标是 16.4%(Odagiri and Goto, 1993: 表格 3.3)。这一对比相当惊人,特别是在日本被普遍视为国家干预主义的情况下。

我们在第 9 章将会看到，从"二战"结束到 1980 年前后，几乎所有的工业化国家都维持了对国际资本流动的严格管控。这些称为资本管制的政策，被设计出来以促进经济发展，保护国内脆弱的经济免受由资本外逃导致的不稳定的影响。美国几乎是"二战"后唯一没有维持资本管制的国家（除了 60 年代早期的很短时间）。美国资本管制的缺乏主要是由其作为世界金融超级大国的独特地位决定的。

最后，即便宣扬自由市场的优点，工业化国家的政策制定者依然热衷去干预和重新管理市场，以避免金融危机和/或保护国家（或部门）利益。事实上，近年来在许多场合，美国政府已经采取行动社会化金融和经济风险。这样的例子包括 1980 年对克莱斯勒公司（Chrysler Corporation）的救助，1989 年对储贷银行、1998 年对对冲基金即长期资本管理公司（Long-Term Capital Management, LTCM），2001 年对航空业的援助计划，这些援助耗费了数十亿美元的公共资金。在每个案例中，政府为了促进金融稳定、恢复投资者信心，都牺牲了自由金融市场的纪律。

发展中国家的真相：精细设计的干预主义政策项目可以解释大多数成功案例。

正如在第 2 章讨论的，绝大多数发展中国家的绩效在"二战"后的干预主义阶段好于 1980 年之后的自由市场政策时期。事实上，发展中国家在干预主义时期的表现无论从绝对水平上还是与工业化国家发展的可比阶段相比，都令人印象深刻。

发展中国家真正处境艰难的时期是在"二战"之前。这一时期，发展中国家不得不实行极端的自由市场政策,要么迫于殖民国家的强权,要么即便名义上独立,但是通过各种条约被剥夺了关税自主权和拥有中央银行的权力。其典型后果就是增长缓慢,甚至经济衰退。直到"二战"之后,一些国家的独立和意识形态环境的支持,才使发展中国家的政策制定者得以实施干预主义战略,经济才渐渐回暖。

这并不是说国家干预总是有效。国家干预明显失败的例子也很多。但是当我们考察那些最为引人注目的成功故事时,历史清晰地表明,发展的成功与各种干预主义联系在一起。事实上,除香港之外,东亚"奇迹"是由"发展型国家"的积极支持者设计的,他们不遗余力地推动经济发展和金融稳定(参见 Woo-Cumings, 1999)。中国和印度也通过国家对经济事务的有效管理实现了成功发展。

2. 神话2：新自由主义有效

2.1 神话

在过去的20年里，采取新自由主义政策的发展中国家实现了繁荣，而继续实施国家控制经济模式的发展中国家则遭遇了停滞。教训显而易见：新自由主义是通往发展和繁荣的唯一道路。

2.2 探索神话

新自由主义已经成功，而其他体制已经失败。

"新自由主义"是自由市场教义的现代版本，后者与18、19世纪古典"自由"经济学家（如亚当·斯密和大卫·李嘉图）联系在一起。"华盛顿共识"通常被用来指代新自由主义，因为美国政府、国际货币基金组织（International Monetary Fund，IMF）和世界银行（World Bank）都位于华盛顿，是新自由主义式改革的有力倡导者。[①]

[①] 罗德里克（Rodrik, 2002）用"升级版华盛顿共识"来反映新自由主义者们现在提出的与这一议题相关的众多主张，比如良好的治理、反贪腐措施、反贫困项目，

它们已经加入推行新自由主义的运动——由许多工业化国家的政府和企业团体，以及发展中国家的改革者组成。

新自由主义有三个主要部分。它提升了市场（之于政府）在经济治理、媒介商品和资本流动（通过取消价格支持和上限、自由贸易、由市场决定汇率等）方面的角色；加强了私人部门和私有产权的作用和范围（通过私有化、解除管制等）；推行"好的经济政策"这一特定概念（通过平衡预算、提高劳动力市场弹性，降低通货膨胀等）。

在当今全球化经济中，这些政策代表了发展中国家通往经济繁荣的唯一道路。过去二十年里，当这些政策有效实施时，新自由主义极大地改善了增长绩效、提高了生活水平、促进了世界范围的民主和透明。

二十年的新自由主义实践表明它确实带来了（好的）结果。

第二次世界大战到20世纪70年代广泛实施的干预主义政策的失败，推动了新自由主义革命。在这一时期，即便国际贸易和金融流动已经自由化，工业化国家仍然追求凯恩斯主义的"高税收与高支出（tax-and-spend）"政策，并且严格管控经济。过多的政府支出导致高通货膨胀、低储蓄水平和低迷的私人投资。高税收、过多的社会支出和大量政府管制扼杀了私人积极性。正如我们已经看到

（接上页）和最重要的，对流动性、国际资本流动的适当管控。库津斯基和威廉姆斯（Kuczynski and Williamson, 2003）是该观点的代表。他们强调，他们并不反对初始的华盛顿共识，声称"未来需要完善、纠正、补充十年前的新自由主义改革，而不是颠覆它"（18）。但是，尤其是在实践中，较之其他目标，新共识仍然把推广自由化（特别是对劳动力、通货和产品市场）和财政纪律放在了首位。这在2001—2002年IMF与阿根廷和巴西的谈判中表现得淋漓尽致，当时IMF的金融援助以传统的一揽子新自由主义改革为条件。

的,发展中国家也实施了其他形式的干预主义。这些政策同样被证明不利于生产且不可持续。

新自由主义革命始于20世纪80年代,一直延续至今,已经产生了巨大收益。政府的缩减减少了预算赤字和通胀压力,提高了市场竞争、效率、私人积极性和企业家精神。新自由主义带来的激励和机遇提高了效率、储蓄和国内外投资。最重要的是,新自由主义已经导致世界范围的经济快速增长和生活水平的改善。

新自由主义还以多种方式促进了发展中国家的民主、好的治理和经济政策。首先,与市场经济相联系的自由削弱了政治上的独裁统治和盗贼统治;其次,国际投资者通常会避开腐败或独裁体制的国家;最后,新自由主义使政府和企业融入全球共同体,从而鼓励采用与之相关的政策实施和商业实践标准。

那么,我们该如何看待过去二十年间冲击发展中国家的一系列金融危机?这些危机并不表示新自由主义的失败,反而表明新自由主义式改革是不彻底的。危机意味着政府仍在干预经济事务,比如政府指导对客户的贷款,以及采取措施隔离有特权投资人的风险。要解决这一问题,只有靠更多的新自由主义,而不是更少。

2.3 拒斥神话

历史记录表明,即便就其本身而言,新自由主义也已经失败。新自由主义并未带来经济增长。

开门见山地说:很不幸,大约二十年来的新自由主义并未带来经济增长。哈佛大学经济学家罗德里克（Rodrik, 2002）把20世纪90年代惨淡的增长表现视为新自由主义失败最确凿的证据。只有阿根廷、智利和乌拉圭这三个国家在20世纪90年代新自由主义时期的平均增长率高于1950—1980年的干预时期。然而，阿根廷的经济随后陷入崩溃，并对其体量较小的邻国乌拉圭产生了毁灭性影响，这很大程度上要归因于新自由主义政策的失败。而智利的成功，至少可以部分归功于"非正统"的政策，比如政府对某些出口产业（林业等）的补贴，以及更重要地，20世纪90年代大部分时间严格的资本管控体制（参见第9.3节）。

在工业化国家，人均收入的年增长率已经从1960—1980年干预主义时期的约3%下降到1980—2000年新自由主义时期的2%。发展中国家更为严重，其人均收入的年增长率从1960—1980年的3%下降到1980—2000年的1.5%。[①]事实上，在过去的20年里，发展中国家人均GDP增长率的中位数为0。更糟糕的是，最贫困的发展中国家（即人均GDP在375美元到1121美元之间的国家）从1960—1980干预时期人均GDP本就不高的1.9%年均增长率，下降到新自由主义时期年均0.5%。总之，不管人均GDP处于何种水平，这些国家在新自由主义时期的表现平均来说都比前二十年更差。

这些惨淡的统计数据未能证明新自由主义的成就。更何况过去大约二十年内，发展中国家的经济增长率由于其中两个最大经济体——中国和印度的加速增长而被高估了，而这两个国家绝没有遵

---

① 本段和下段的数据来自韦斯布罗特（Weisbrot等，2001）。也可参见张（Chang, 2002: 第4章）关于新自由主义的增长失败。

从新自由主义教条。在新自由主义时期,拉丁美洲实际上已经停止增长,撒哈拉以南的非洲经历了负增长,许多先前的共产主义经济体也崩溃了。比如,在拉丁美洲和加勒比地区,人均GDP增长从1980年到2000年只有7%;与之形成鲜明对比的是,同一区域在1960—1980年的数据是75%。撒哈拉以南非洲国家的数据更令人吃惊:在人均GDP从1960—1980年大约增长34%之后,到了1980—2000年则下降了15%。

总之,两个事实使我们难以接受新自由主义促进经济增长的论断。当今世界表现最好的发展中国家是高度干预主义的;发展中国家作为一个整体,其经济绩效在新自由主义时期与之前的阶段相比,明显恶化。

新自由主义导致的增长失败意味着,它甚至不能补偿自身带来的其他成本。

新自由主义不能带来经济增长只是问题的开始。更糟糕的是,这种体制缺乏活力的增长还伴随着其他领域许多负面后果。

新自由主义者们承认,向该体制过渡会产生短期"调整成本"。比如,社会支出缩减会降低生活标准,政府减少对某些产业部门的支持将导致失业,等等。但是新自由主义者们声称,这些调整成本是暂时的,因为新环境将给适应性强的个人和企业提供诱人机会以创造更多财富。此外,新自由主义者们认为,政府可以利用新自由主义的增长红利补偿暂时受损的人群。但是,这些观点经不起推敲。

第一,新自由主义带来新问题,同时恶化已有问题,比如增加银行、货币和金融方面危机的可能性(Grabel, 2002),提高不平等和贫困的程度。这些问题长期存在,给普罗大众造成伤害,尤其是在发展中国家(参见第7—11章)。与新自由主义拥护者的观点不同,新自由主义本身是这些问题的根源。因此,更彻底的新自由主义绝非解决问题的办法。

第二,新自由主义体制并没有提供给政府任何动机和途径去补偿遭受损失的群体。这有很多原因。新自由主义以政府对社会福利承担最小责任为前提,因为过多的社会福利政策会扰乱与自由市场相联系的激励。反通胀倾向的新自由主义政策还就意味着政府不想提供充足的社会支出。更糟糕的是,被新自由主义从经济上剥夺的群体通常缺乏足够的政治权力来保证能够从政府得到补偿(DeMartino,2000)。即便针对补偿方案的适当政治意愿存在,政府也只有较少的可供支出的资源来实现这一目的。这是因为新自由主义政策削弱了税基,优先考虑预算平衡,难以向在国际上灵活进出的公司和投资者征税(参见第11.3节)。

新自由主义加剧了国内和国家间的不平等。

新自由主义导致国家之间的不平衡和不平等,而不是普遍增长。最重要的是,私人资本倾向于集中到那些已经实现增长、投资和生产率提高良性循环的国家(参见第9.1节)。与新自由主义宣称的相反,外国私人资本流入追随而非创造增长。中国台湾、韩国和中国就是这一过程(也是干预主义通过精心设计的方案获得成功)的例证。因此,作为私人资本流入的先决条件,发展中国家(特别是最贫困的发展中国家)必须制定政策以开启可持续增长之路。

到目前为止,大量研究表明,在新自由主义时期,全球范围内的生产性经济活动更加聚集,与之相关的私人资本流动更为集中。跨国公司(multinational corporations,MNCs)的内部投资、所谓的外国直接投资(FDI)是这一广泛趋势的代表。与经济学理论相反,大部分外国直接投资流向了北方的资本富裕国家,而不是南方资本匮乏的国家。比如,2000年,只有15.9%的全球FDI和5.5%的全部金融资产跨境投资即证券投资,流入南方国家。并且,流入南方国家的资本也相当集中。[①]比如,2002年,单是中国就接收了全部北-南FDI的37%,前10个目的地国家共接收发展中国家总和的70%。相比之下,撒哈拉以南更为贫困的非洲国家,毋庸置疑,那里对资本的需要最为迫切,但在该年只接受到全部北-南FDI的4.9%(第9.1节)。

新自由主义导致国家之间的不平等持续加大,部分源于私人资本流动的集中。联合国开发计划署(United Nations Development Programme,UNDP)发现,1960年,拥有世界上20%最富裕人口的国家,其总收入是拥有20%最贫困人口国家总收入的30倍。到1980年新自由主义盛行伊始,这一比例提高到45:1;到1989年为59:1,到1997年,已经提高到70:1(UNDP,2001,1999)。经过新自由主义阶段,最富裕和最贫困国家之间的不平等程度几乎翻倍。当我们观察撒哈拉以南非洲国家的境况时,这种差异更为明显。1960年,撒哈拉以南非洲国家的人均收入是工业化国家的11%,到了1998年,已经跌至这个数字的一半(UNDP,2001:16)。

---

① 本段的全部数据来自世界银行(不同年份)。

新自由主义革命还加剧了国内不平等。科尼亚对73个国家所做的详尽实证研究表明,过去20年里,有53个国家经历了收入集中的浪潮(Cornia,2003)。对于特定地区,科尼亚总结道:"(收入集中)的加剧在转型经济体中十分普遍,几乎遍及拉丁美洲和经合组织(Organization for Economic Co-operation and Development,OECD)国家,并且越来越频繁地出现(尽管很少报道)在南亚、东南亚和东亚。"(Cornia,2000:9)他认为,国内增长的不平等主要源自各种形式的新自由主义改革(最重要的是自由化资本流动、国内金融和劳动力市场,以及税收改革)。[1]

特别需要注意的是,那些更为全面接受新自由主义意识形态的国家,比如美国和英国,其收入不平等增加的程度快于其他国家(UNDP,2001:18)。在英国,1%顶层人口的收入份额在1979—1998年几乎翻倍,从5.37%增加至9.57%(Atkinson,2002)。在其对美国经济的研究中克鲁格曼(Paul Krugman)曾观察到,"美国1%的家庭获得了约16%的全部税前收入、14%的税后收入。但在过去的30年间,该份额几乎翻倍,现如今大致等于底层40%人口的收入份额"(Krugman,2002:67)。克鲁格曼还提到(引用了国会预算办公室的研究),"1979到1997年间,美国前1%的家庭的税后收入提高了175%,而中等收入家庭仅仅增加了10%"(64)。更为引人注目的是,美国富有、萎缩的中产阶级与极其贫困人群之间不断增长的鸿沟。

---

[1] 关于转型经济体和亚洲的持续考察,参见UNDP,1999:36;对于拉丁美洲,83.8%的人口生活在不平等持续恶化的国家,参见ECLAC,2002:83。

我们可以将美国日益增加的不平等记录与瑞典的经历进行比较，后者尽管在这一时期向国际贸易和资本流动开放，但是仍然保持了良好的社会民主主义的经济治理。再次引用克鲁格曼：

"瑞典中产家庭的生活水平与美国中产家庭大致相当：如果有什么不同的话，在瑞典，工资和税负更高，更高的税收负担通过医疗保健的公共提供和普遍更好的公共服务进行补偿。随着收入逐渐下降，相同群体在瑞典的生活标准要高于美国。瑞典家庭中最不富裕的10%的人口，其收入比起美国同伴来说高出60%。在瑞典只有极少数人遭遇极度贫困，而这种情况在美国却十分普遍。从一个数字可见一斑：1994年，只有6%的瑞典人每天生活在11美元以下；而美国则有14%。"（76）

在新自由主义时期，发展中世界许多地区的贫困加剧，社会条件改善的早期成果已经被逆转。

新自由主义者经常声称，在过去的20年里，全球人口中处于极度贫困的人口占比已经下降。但是他们忽略了这一成就很大程度上要归功于中国和印度强劲的经济表现，这两个国家无疑都没有采取新自由主义政策，且占全世界贫困人口的一半以上。

除中国和印度之外，在新自由主义时期，许多国家的贫困水平（根据各种衡量方法）反而恶化了。UNDP报道称，如今有28亿人每天生活在2美元以下，12亿人每天不足1美元。仅就撒哈拉以南的非洲而言，该地区一半人口现在比1990年更加贫穷，46%的人口每天不足1美元（UNDP，2001：10；2002：17）。在南亚，现在有40%的人口每天不足1美元；在东亚、太平洋和拉丁美洲这一可比数字为

15%（UNDP，2001：10）。此外，与 20 年前相比，在新自由主义时期，很多国家在提高预期寿命、改善教育和降低婴儿死亡率方面的进程放缓了（Weisbrot etc.，2001）。

新自由主义没有促进民主。事实上，在某些重要方面，新自由主义破坏了问责制、多元主义和民族自治。

最后，从政治层面来看，新自由主义没有提高民主或透明度。证据表明，新自由主义和民主之间的关系远比新自由主义者认识到的复杂。

第一，市场体系可以与从专制到民主的不同政治体制兼容。新自由主义未必会如许多新自由主义者声称的那样，侵蚀独裁体制。

第二，通过赋予国际投资者和企业否决他们所反对的国内政策的权力，世界范围的新自由主义威胁民主。民主治理的基本方面是保护那些受政策影响的人有意义地参与决策的权力。然而，新自由主义条件下，在国际范围内流动的生产要素的所有者（特别是大型投资者和富有人群）获得了对立法和政策领域的增强的"否决权"（参见第 9 章）。通过赋予要素所有者从国家撤出资金的自由——这些国家实施的战略威胁到了他们的利益，世界范围的新自由主义有力地侵蚀了一国的政策自主权（DeMartino，1999）。这种结构性权力并不需要付诸行动才有效；如今，大型投资者和跨国公司只需要把威胁撤资作为一种手段，就可以阻止他们反对的政府和市民的倡议。因此，投资者的外逃，或者只是这种威胁，就足以充当强大的威慑力量来反对扩张性或再分配的经济和社会政策，以及反对提升劳动者权利的政策（包括成立工会和集体议价的权利）。

第三，新自由主义下愈加频繁的金融危机极大地增加了国际货币基金组织相对于各国政府的权力。IMF的援助伴随有"附加条件"：一国的重要决策都要经过该机构的审查,而该机构由美国控制、为国际金融集团服务。因此,新自由主义破坏了多元化和发展中国家的政策独立性。

3. 神话3：新自由主义全球化不能也不应该停止

3.1 神话

全球化，是一个不能避免的、无法阻挡的力量，可以带来巨大收益。政策制定者，特别是发展中国家的政策制定者，要想促进经济安全和繁荣，必须学会通过接受新自由主义经济政策来应对和回应全球化。

3.2 探索神话

全球化是由技术进步驱动的。

全球化是始于19世纪的通信和运输革命的结果。从电报和轮船的发明开始，运输和通信技术飞速发展，拉近了世界各部分之间的距离。[①] 17世纪早期，美国定居者需耗费数月跨过大西洋；到了

---

① 定期横跨大西洋的轮船服务始于1838年，但是直到19世纪60年代，轮船主要装载价值高昂的商品（就像今天的飞机一样）。轮船超过帆船成为主导仅始于

19世纪，早期的蒸汽船只需要数周就能实现跨洋航行；现如今，超音速飞机穿过这一距离仅需三小时。在长途电报出现之前，将信息从伦敦传递到孟买需要五周；长途电报可以将传输时间缩短到几分钟（Standgate，1999：97）；而互联网使通信几乎瞬时化。

通信和运输技术的每一次进步都改变了商业和生产的性质。企业家超越国界寻找由新技术带来的盈利机会和新市场是意料之中的事情。如今，运输成本的降低使日本可以从澳大利亚进口煤炭；瑞典可以从印度进口家具部件；欧洲可以从加拿大进口瓶装水。互联网提高了国际贸易的速度和效率，减少了企业管理者面对面接触的需要。通过基于互联网准备的协议，芬兰的公司能够将生产外包给台湾，智利可以把烟熏鲑鱼出口到韩国，孟加拉的农民也可以从万维网上学习病虫害治理技术。

只要全球化是技术进步的结果，试图放缓或者扭转它将是徒劳且保守的。如今那些试图阻止全球化的人做的是天真且徒劳的事情，就像英国工业革命早期的卢德派，后者自认为通过破坏机器，可以抵制工业化，从而保护他们的工作，把农村社区理想化。

抵制全球化的努力源于不合时宜的恐惧和私利。但就其成功的程度来说，那些暂缓全球化的努力必定因为阻碍资源更为有效地配置而降低全世界的生活水平。更糟糕的是，高收入国家的反全球化政策延迟了、妨碍了发展中国家的经济增长，使后者持续贫困。

全球化使国家要想维持非市场友好的新自由主义之外的经济政

（接上页）19世纪70年代（O'Rourke and Williamson，1999：33—34）。第一个电报系统被授予专利是在1837年。第一次成功的远程电报传输于1844年在美国完成。第一条成功的横跨大西洋的海底电缆于1868年铺设（Held等，1999：335）。

策,即使不是不可能,也是成本极其高昂。

在全球化的压力和机遇下,政府有激励推行"正确的政策"即新自由主义政策(第2和第6章)。论据是清晰的:只有允许市场自由调节商品和资本流动,才能获得全球化的收益。那些限制进口的国家也使自身失去了以具有吸引力的价格购买世界上其他地方生产的优质商品的机会。这一行为损害了消费者,也破坏出口业绩,因为它迫使国内生产者在生产过程中使用更贵的国内投入品。此外,那些限制外国投资者和贸易自由的国家(通过关税、资本管制、过多的政府干预等)将受到国际金融市场的歧视。为了投资于这些不友好的国家,投资者将要求一定的升水,更高的资本成本不利于经济增长。同样,投资者也会避开财政和货币管理拉胯的国家,这就意味着,一国要想吸引外国投资,就必须保持良好的宏观经济环境。

因此,答案十分明显。全球化和新自由主义经济政策(下文称为"新自由主义全球化")对于提高生活水平和促进繁荣至关重要。尽管转向开放市场和相关政策纪律会产生短期阵痛(比如失业的暂时增长),但从长期来看,这些措施的收益巨大。因此,几乎所有国家(除了朝鲜和少数其他国家)的政策制定者都信奉这一繁荣密码,就不足为奇了。

3.3 拒斥神话

全球化不是技术进步不可避免的结果。

历史事实并不支持下述论断,即运输和通信技术的进步必定导致全球化。过去的两个世纪,这些技术几乎一直在发展,但是这一时期全球化进程却是高度不平衡的。比如,19世纪晚期,尽管国际贸易依赖于轮船和电报,但用多种方式衡量的经济全球化水平却高于20世纪50—70年代,后一时期的运输和通信技术无疑更加发达。[①]

政治决策,而不是技术,是全球化速度和形式背后的主要驱动力量。技术仅仅定义了可能性的范围。

流行于任一时点的全球化的速度和形式都是审慎的政策选择的结果。因此,最近20年来的新自由主义全球化直接源于20世纪70年代末80年代初以来工业化国家和发展中国家各自政府的推动。国际机构,比如国际货币基金组织(IMF)和世界贸易组织(WTO)也扮演了极为重要的角色,它们促进了大多数发展中国家实行快速且具有新自由主义特点的政策。

毫无疑问,全球化进程中技术并非无足轻重。技术决定了什么是可行的,比如商品和资金能以多快的速度、在什么条件下跨国流动。但是,这些流动是否被允许,则取决于国际贸易和金融政策领域的政治决策。例如,从20世纪80年代以来,国际金融投机的程度显著增加。这一发展并非由于互联网的到来,因为能够使投机资金快速流动的技术(如电话和传真机)在80年代之前已经出现。只是由于投机机会和动力被金融自由化政策创造出来之后,投机才变得更加普遍。

[①] 存在很多种衡量全球化的方法。经常使用的方法包括国际贸易或者短期国际资本流动占一国总经济活动的比例、移民占总人口的比例。

全球化和新自由主义的联系可以切断。

在批判全球化的新自由主义叙事的同时,我们也拒斥这样的主张,即全球化本身是在发展中国家观察到的许多经济和社会问题的核心。是当前被积极推动的新自由主义式的全球化——而不是全球化本身——要对许多国家糟糕的经济表现和恶化的生活水平负主要责任(参见第 2 章)。

新自由主义者们断言,在全球化的经济环境中,成功取决于在国内和国际层面营造新自由主义的政策环境。确实,他们声称,所有国家最终将收敛至这一政策体制,其他体制会受到全球市场的严厉惩罚。

这些论点并不正确。全球化可以与不同程度、不同类型的开放(贸易和资本流动)完全兼容。比如 20 世纪 50—60 年代,发展中国家和工业化国家都在快速实现全球化的同时,采取了大量的经济管制。因此,全球化和新自由主义并不必然是同一枚硬币的两面。

下述论点并没有得到事实证明,即源自全球化的竞争压力使所有国家必须收敛至相同的新自由主义经济模式(正如我们将在第 5 章、第 7—11 章看到的;还可以参见 Berger and Dore, 1996)。尽管都融入全球化进程,但在今天的工业化国家中,存在着相当大程度的政策和制度多样性。例如瑞典、奥地利、荷兰、法国和德国,都维持了与美国和英国新自由主义经济体差异很大的政策和制度安排。较大和/或较富有的发展中国家(或地区)——特别是中国、印度、中国台湾和马来西亚,也成功维持了非新自由主义的政策体制。可以肯定的是,较小和/或较贫困的发展中国家在政策自主权上面临更加苛刻的限制。即便如此,它们也能够享有比通常认识到的更多的政策自主权。作为发展中国家的智利就是一个例子,在20世纪90年代,智利走上了新自由主义道路,然而,它成功维持了相当严格的资本管控体制(参见第9章)。

总之,过去几十年间出现的新自由主义全球化,只是全球化的一种形式。不同的政策选择(特别是对于贸易和金融政策)也可以创造另一种形式的全球化,减轻对发展中国家生活水平和增长繁荣的负面影响。大量关于替代性政策的例子将在本书的第二部分提供。

4. 神话4：资本主义的新自由主义美国模式是所有发展中国家都应设法复制的理想类型

4.1 神话

目前为止，毋庸置疑的是，美国式新自由主义胜过其他所有经济体系。20世纪90年代，当其他经济体停滞不前时，美国却一枝独秀，从而消除了对这一点的任何怀疑。其他经济体系的停滞暴露了各种形式"国家主义"的失败，预示着所有国家都将不可避免地融入信奉新自由主义和民主的美国模式。

4.2 探索神话

20世纪90年代的"新经济"反映出美国经济模式的活力和优势。

20世纪90年代美国经历了经济和生产率的持续增长、低失业率和低通货膨胀率。《2001年美国总统经济报告》(*Economic Report of the [US] President*，ERP：第1章）称，从1993年第一个季度开始到2000年第三个季度，实际GDP以平均每年4%的速度增长，比1973年到1993年的平均增速快了46%；非农业生产率（即每小时创造的产出）每年平均增长2.3%，而在此之前的20年，年均增长1.4%；工作岗位的增长超过2200万，同时失业率稳步下降（在2000年达到了3.9%，是一代人中的最低水平）；核心通货膨胀（即扣除食品和能源价格增长的通货膨胀率）维持在可容忍的2%到3%。这些成就显示了一个由信息和通信技术革命驱动的"新经济"。新经济甚至可能不受几个世纪以来一直困扰资本主义发展的商业周期的影响。

美国创新驱动型监管体制和流行的市场激励，助其自然成为新经济的沃土。比如，知识产权（IPRs）受到很好保护，营业税较低，基于绩效发放薪资（而不是资历或个人喜好），法律环境促进商业透明度，政府的大量支出并未削弱个人积极性。

虽然美国曾经的大规模生产经济在20世纪70—80年代明显地步履蹒跚，但是这个国家已经证明了其灵活、竞争性的和私有化的经济体系具有产生新技术和新商业模式的独特能力。这种推动力和适应性是在以全球化为特征、由快速技术进步来驱动的全球经济中取得成功的秘诀（参见1—3章）。

全球政治和经济环境在2001年911事件之后的不确定性，无疑给美国经济造成了较大损失。但是不必过于担忧，历史已经证明了美国经济的内在韧性。事实上，与僵硬、低效率的欧洲和日本经济相比，美国经济的灵活性使其能够更快地从任何困难中摆脱出来。

美国模式的优越性同样被欧洲大陆和日本经济的失败所证实。

近来欧洲大陆和日本的经历证实了美国新自由主义的吸引力。

20世纪80年代以来,欧洲大陆的干预主义经济体饱受低增长和高失业的困扰。幸运的是,该地区的许多经济体最近已经开始进行大胆的美式经济改革。欧洲国家已经逐渐解除对工业的管制,并私有化,它们在地区间开放贸易、资本和劳动力流动,在新的欧洲中央银行的领导下追求货币政策。结果表明,他们开始显示出经济回转的信号(涉及增强的投资者信心、增长等)。

相比之下,日本的境况仍然比较悲惨。日本陷于停滞已经超过十年,这是过度管制经济的后果。不幸的是,日本的政策制定者并没有打算通过激进的去管制化来恢复经济繁荣。

美国式新自由主义的优越性同样被那些模仿美国的国家令人称羡的经济表现所证实,包括英国、加拿大、新西兰和澳大利亚,即"英美经济"(Anglo-American economies)。在20世纪90年代,这些国家的经济都相当强劲。

总之,历史记录是明白无误的:资本主义的新自由主义美国模式胜过其他所有经济模式。它以其独特方式应对新的技术挑战,在今天的全球经济中实现了增长和繁荣。欧洲和东亚的反市场经济体制从未构成理想类型,当前时点的境况毫无疑问地表明它们已经过时了(同样参见第5章)。

4.3 拒斥神话

美国的必胜信念源于痴心妄想,而非审慎且客观的分析。

有很多理由来拒斥美国资本主义优越性的主张,特别是考虑到其在20世纪90年代的经济表现。将美国模式输送到发展中世界的案例,用一句话来说,效果平平。

20世纪90年代根本不存在新经济。[①]

与新经济狂热者的断言相反,美国经济在20世纪90年代的表现并不引人注目。事实上,在20世纪90年代新经济期间,美国的增长比之前时期更慢。通过观察数十年经济上升期的头几年的状况,经济学家迪恩·贝克(Dean Baker)发现,平均GDP增长率从1991到1995年是2.7%,从1982到1986年是4.4%,从1970到1973年是4.8%(Baker,2000)。只有在1996—1999年,美国的经济增长才引人注目(从1995到1999年,四年中平均GDP增长4%)。然而,20世纪90年代后半部分的强劲增长也只是抵消了前一时期的低迷。并且,贝克认为,20世纪90年代后期令人印象深刻的增长,部分是美国政府测算方法的变化带来的错觉。

同样的情况也发生在美国的生产率提高上。20世纪90年代,生产率的年均增长率为1.9%;与之相比,"二战"后25年间的年均增长率接近于3%,从1973到1989年则为1.4%。随着经济的增长,生产率的增长只是在20世纪90年代后期比较强劲:从1995到1999年,生产率增长平均2.5%,并且生产率增长的表面提高部分可以归因于测算方法的变化。从贝克对20世纪90年代美国绩效的分析可知,新经济的断言在经验上得不到支持。

20世纪90年代的繁荣,并没有使普通美国人的生活受益。

当考虑分配问题时,20世纪90年代美国经济的表现看起来则大

[①] 本章和下一章的数据来自Baker,2000。

不一样(同样参见第2章)。20世纪90年代美国股票市场的繁荣,本身是新经济炒作的后果,使最富有的20%人群受益(特别是最富有的1%),而带给普通美国家庭的好处则十分微薄(Wolf, 2000)。类似地,从20世纪80年代开始延续至90年代,美国工资收入分配不平等加剧,工资的增长不成比例地偏向最富裕人群(Baker, 2000)。[①]

20世纪90年代的经济繁荣几乎没有消灭贫困。[②]事实上,美国人口统计局在2002年6月的报道中称,从1989年到2000年,被划分为贫困的家庭比重几乎没有变化(《纽约时报》,2002年6月5日)。2000年,9.2%的美国家庭被划分为贫困,1989年是10%。

20世纪90年代美国股票市场泡沫的破裂,揭示出令人不安的公司腐败和资源错配模式。

整个20世纪90年代,经济学家都在赞美与美国高管薪酬体系有关的激励刺激了有效且快速的创新。企业高管获得了极高的薪酬、股票期权(给了他们在未来以约定价格买卖股票的权利,但不是义务)和其他收入。

这些薪酬组合导致同一企业内高管和普通员工收入的巨大差异。例如,1970年美国前100位首席执行官经过通货膨胀调整的平均年薪为130万,是普通工人的39倍。到1999年,前100位首席执行官的平均年薪提高到3750万,超过普通工人的1000倍(Krugman,

---

① 20世纪90年代,美国的工资收入相当平缓。贝克报道称,从1990年6月到2001年3月,典型的美国工人每小时的实际工资每年仅上涨0.5%。即便从1995到2001年,每小时的实际工资年均增长1.5%,但从1990到1995年,这一数值跌至0.4%。

② 美国社会福利体系的改革(包括向贫困人口转移支付的显著缩减)同样导致20世纪90年代贫困水平的停滞。

2002：64）。

当地位较高的内部人员以最大化股票期权的短期价值为目标管理企业时，这些高管的薪酬组合会带来大量的资源错配（第8.1节和第10章）。20世纪90年代的金融和企业环境同时导致各种形式的腐败。2002年美国公司腐败和会计丑闻揭露出许多公司的高管、董事会和外部审计人员被股票升值带来的高额回报所吸引。他们操纵会计和其他信息，推动股票价格不可持续地上涨。

20世纪90年代，许多其他工业化国家的经济表现至少与美国和其他英美经济体一样好。

从比较视角看，20世纪90年代美国经济的表现也无突出之处。许多其他工业化国家表现得和美国一样好，甚至超过美国。例如，1990—2000年，爱尔兰（增长率达到6.8%）、新加坡（5.3%）、挪威（3.1%）、奥地利（2.8%）、葡萄牙（2.6%）、芬兰（2.4%），至少与美国增长得一样快；许多国家，如丹麦（2.3%）、荷兰（2.2%）、西班牙（2.2%），几乎和美国增速持平。

作为一个整体，英美经济体在20世纪90年代的表现并不优异。在过去二十年里，新西兰和英国是新自由主义改革的前沿，但是这些改革并没有明显促进经济增长。事实上，美国、英国、新西兰在1980—2002年新自由主义时期的经济增长率和1900—1979年干预主义时期的经济增长率几乎相同（同样参见第2章）。但是，新自由主义时期导致这些国家不平等的急剧提高。

5. 神话 5：东亚模式是特殊的， 英美模式是万能的

5.1 神话

不同于 20 世纪 80 年代的正统做法，东亚经济模式在其他地方无法复制。相比之下，英美模式是普遍适用的。因此，发展中国家的政策制定者必须接受英美经济模式作为通往繁荣的唯一道路（第 4 章）。

5.2 探索神话

东亚模式不能在本地区以外起作用，因为其成功依赖于独特的历史、政治和文化条件。

东亚模式与我们所熟知的新自由主义英美模式这一"最佳实践"截然不同。几十年来，东亚模式繁荣发展，带来了历史上前所未有的经济增长、生活水平的提高，以及经济现代化。

这些成就并不意味着东亚模式应该或者甚至可以移植到其他发展中国家。事实上，1997年东亚金融危机，以及日本持续的经济停滞，都是这一模式失败的证据。最重要的是，东亚模式依赖于许多无法在其他地方复制的条件。

东亚国家有五个特质，这对东亚模式的成功来说至关重要。

第一，东亚国家有共同的儒家文化。这一文化传统有助于解释明显的职业道德、对储蓄的热衷、对教育的投入、对独裁政府的服从。如果没有这种文化传承，很难想象一个国家能够像东亚国家那样快速积累实物资本和人力资本。东亚的集权传统同样使实施高度集中和抑制劳工的产业政策成为可能。最后，儒家文化遗留下高度发达的国家官僚政治，这对复杂的贸易和产业政策来说是必要的。

第二，较之其他大多数发展中国家，东亚国家种族更为单一。种族的同质化使建立共识和执行政策更加简单。

第三，东亚国家资源匮乏，因此可以避免所谓的"资源诅咒"。充足的资源倾向于抑制竞争压力，引发为了控制资源而进行的破坏性的政治斗争。不同于许多资源丰裕的拉丁美洲和非洲国家，东亚国家必须努力工作，通过制造业创造财富。

第四，东亚国家在重要方面得益于日本殖民主义。不同于西方殖民者，日本殖民者留下了强大的工业基础、受过教育的国民，以及先进的基础设施。

最后，同样重要的是，东亚模式得益于合适的外部环境。冷战允许日本和其他反对共产主义的"前沿国家"在美国国防支出和经济援助的护佑下实现繁荣。东亚国家还得益于一直持续到20世纪

80年代的宽容的国际政策环境,使它们可以采取重商主义的贸易政策(如补贴出口),甚至通过侵犯工业化国家的商标和专利权来骗取繁荣。相比之下,如今世界贸易组织关于补贴和知识产权的规定阻止了发展中国家采取东亚模式的这些主要方面。

总之,东亚模式的成功基于一系列独特的内部和外部条件。这些情况的幸运结合不可能在别处重现。

英美模式与普遍的人类价值相一致。

与东亚模式不同,英美模式与人类本质的一般方面协调一致:具体来说,企业家精神的天然倾向、对财富的渴望、自身利益驱动力。因此,英美模式适用于所有社会,并获得成功。目前,众多国家都急于采用这种模式,这并非巧合。

5.3 拒斥神话

东亚经济模式的成就并不是因为该地区的特殊条件。

对导致东亚模式成功的独特内部和外部条件所起的作用强调得言过其实,并不正确。我们将依次考察这些论点。

儒家文化,现在被视为一种神奇的文化,它促进了能干的公务员队伍的发展、较高的储蓄水平和教育投资,以及顺从的公民。这一关于儒家文化的新观点与20世纪50年代之前的主流观点明显不同。后者指出这种文化不利于经济发展。比如,当时普遍认为,古老的儒家社会等级制度将官僚置于社会秩序的顶端,工匠和商人则置于底层,促使有才华的人选择仕途而不是以经商或者制造为业。

尽管有这样的观点，20世纪50—60年代，韩国和中国台湾的公职人员仍然严重不足。当时，早期儒家传统中的精英制度和竞争性招聘的做法已经衰退。事实上，当时韩国的公务员队伍已经严重变质，以至于60年代，需要将公职人员送到巴基斯坦和菲律宾进行培训。因此，东亚模式的早期成功（至少在一些国家），并不依赖于存在一个能力非凡的公共部门。后来，这些国家确实得益于公共部门的高水平能力。但是，这一能力（比如，在韩国和中国台湾）是通过大量政治能量和经济资源的支出塑造的，而不是通过国家的历史或文化遗产。

认为民族单一在东亚模式的成功中扮演重要角色的观点是夸张的。事实上，新加坡是一个多民族的社会。在中国台湾，两个主要"族群"之间也存在相当大的张力——台湾本土人，即16世纪从中国东南部移民的后代；大陆人，1949年跟随被共产党打败的国民政府转移而来。最后，韩国是世界上民族最单一的国家之一不假，但这也并不意味着在关键问题上建立国家共识轻而易举。每个国家内部都有激烈的区域竞争，这些竞争使建立真正的国家共识极为困难。

东亚得益于自然资源基础匮乏的观点也没有说服力。当然，充足的自然资源会导致不合意的政治和经济动荡。但这并不表示资源匮乏的国家会更好。在19世纪晚期和20世纪早期，世界上发展最快的经济体都拥有丰富的自然资源，比如北美、南美、大洋洲（澳大利亚和新西兰）和斯堪的纳维亚的一些国家。

一度遭受日本殖民主义占领的国家要比被西方列强殖民的国家处于更好地位的观点极具误导性。比如，1945年日本殖民主义结束之际，韩国的识字率仅为22%，并不明显高于摆脱殖民主义的非洲国家。相比之下，1945年阿根廷的识字率已经超过90%。更一般地说，至少有12个非洲国家殖民结束之后的条件与韩国一样，甚至好于韩国。

至于合适的外部环境，20世纪50年代，冷战的政治局势确实使韩国和中国台湾获得美国的大量援助。可是，到了60年代，援助水平显著下降，平均来说并不比许多发展中国家获得的援助多。比如，20世纪60—70年代，美国对智利和菲律宾的援助计划不亚于韩国和中国台湾，尽管收效甚微。同样，需要权衡冷战相关的援助产生的经济效益与作为反共产主义前沿国家的成本。作为前沿国家，韩国和中国台湾维持了高水平的国防支出（国民收入的6%或更多，世界平均水平则为2%—3%[①]），并且很大一部分健全的年轻劳动力要服三年或更久的兵役。据估计，朝鲜战争（1950—1953年）大概破坏了韩国一半以上的制造业基地，以及超过四分之三的铁路系统和其他基础设施。

东亚经济体的确得益于贸易保护和知识产权方面的宽松政策环境。当然，现在世界贸易组织已经排除了许多与东亚模式相关的做法。但是，当这样说时，不能忽视国际贸易组织的前身，即关税及贸易总协定。东亚国家实行的许多政策，在关税及贸易总协定框架中同样是不被允许的。东亚国家积极发挥政策创造力，成功地利用了关税及贸易总协定的漏洞和灰色地带（参见第7章和第8.2节）。[②]

[①] 国际货币基金组织130名成员国的平均军事支出在1990年占GDP的3.6%，1995年占GDP的2.4%（Clements等，1996）。

[②] 由于政治原因，台湾不是关税及贸易总协定的成员。

如今，利用世界贸易组织歧义条款的机会同样存在。也就是说，发展中国家应该向世界贸易组织和其他多边组织施压，以获得回旋余地来实行非新自由主义战略，后者是现在的工业化国家在历史上都有效使用过的。

从经验来看，与英美模式相比，东亚模式在促进世界经济发展方面发挥了更加重要的作用。

对历史记录的诚实考察揭示，大多数现在的工业化国采用了与东亚模式而不是英美模式更为接近的经济模式（参见第1章、第7—11章）。因此，东亚模式似乎比英美模式更接近普世标准。美国和英国的经历需要格外注意：在其自身的发展过程中，这些国家维持了与之后东亚极为相似的贸易、产业和知识产权政策（第1章、第7章、第8.2节）。

关于似是而非的特殊条件的论点，同样可以用来解释美国和英国的经济成功。

尽管我们发现特殊条件的逻辑推理很成问题，但它同样可以解释美国和英国的发展，就像解释东亚的发展一样。比如，历史上英国的繁荣出现在它可以殖民和/或统治弱小国家的时期，它从事奴隶贸易、公然向中国倾销鸦片、强迫童工在极为恶劣的工作环境下每天工作12个小时。在其发展过程中，英国也经常违反知识产权（参见第8.2节），并从1750年到1842年维持着禁止向与之竞争的经济体出口机器的法律。美国经济同样得益于非常相似的环境。此外，美国还得益于广阔的地理面积（使政府能够消灭和/或强制美洲原住民迁移）、大量外来劳动力，以及极为丰富的自然资源。

美国和英国毫无疑问得益于许多如今发展中国家无法获得的条件。因此,新自由主义者们将英美国家作为当前发展中国家的样板是错误的,因为它们独特的属性和实践也无法复制(参见第4章)。更一般地说,考虑到历史、文化、种族构成、发展时机等组合,每个国家都是独特的。因此,东亚国家的经验并不比其他国家更多或更少。本书旨在考察广泛的已经和能够促进经济发展的政策,而不是提出任何一条普世道路(参见第7—11章)。

英美模式不是万能的。

并非如新自由主义者们经常宣称的那样,相反,没有证据表明存在对交易、个人主义或财富增加的任何普遍内在的人性推动力。在我们看来,英美模式的成功基于一些远非普世的东西:它取决于大量特殊的制度和监管方面的前提条件(参见第4章、第8.2节和第10章)。没有这些先决条件,英美经济体就无法正常运行。

上述观点的证据来自世界各地,在20世纪80年代和90年代,许多国家都在努力引入英美模式。这些努力的大规模失败(尤其是在苏联加盟共和国)凸显了该计划的困难,即便它是可取的。在输出英美模式的狂热中,新自由主义者们常常忽视了如下事实,即制度性前提条件(如发达的金融监管体系)的建立,需要大量人力和财力的支出,并且需要耗费相当长的时间。此外,即使拥有必要的资源和时间,也很有可能出现这些必要的制度和监管基础与某一发展中国家现存的政治、文化和制度特征发生不相容的情形。

6. 神话6：发展中国家需要国际组织和政治上独立的国内政策制定机构提供约束

6.1 神话

政客和政府雇员不值得信任。他们通常按照自身意愿操纵政策工具和资源，以维持或扩大自己的权力，而不考虑更广泛的社会利益。确保政府责任心的唯一途径是创造一种制度结构以监督这些趋势和/或奖励适当的行为。

6.2 探索神话

经济政策不应该被政客和政府官员掌控。

20世纪80年代，人们对公共部门的流行看法发生了巨大变化。以前，政客和政府雇员很大程度上被认为是为公共事业工作，因此通常称为"人民公仆"。但是在20世纪80年代，由于新自由主义的知识革命，人们最终开始以其本来面目看待政客和政府官员——自私自利（有时腐败）的代理机构，他们推动自己的议程，而不是公共利益。

公共部门的首要问题是缺少制度性激励，以确保官员的自利行为能为更广泛的社会福利服务。对比之下，私人部门中的市场机制在调节私人利益和社会利益方面起着决定性的作用。

公共部门的失败在发展中国家最为严重并导致损失。在工业化国家，政府官员能被民主政治体系、自由出版、法律体系、透明规则和强大的反腐败措施所制约，从而（一定程度上）承担责任。但是这些机制在发展中国家通常是缺位的。在发展中国家，我们看到的是不完善的民主和法律程序、不透明的规则、新闻审查、拙劣（或不存在）的反腐败措施和无效率，它们侵蚀了经济增长的激励。

事实表明，与政治上独立的经济体制相关联的约束，在发展中国家至关重要。

鉴于以上分析，有必要将政策制定权交给技术专家，它们是诸如中央银行和货币委员会等强有力且政治上独立的政策制定机构（参见第11章）。这些措施在增强外国和国内投资者信心的同时，可以提高效率。

不幸的是，在国家层面建立政治上独立的政策制定机构往往不能保证理性的经济政策。政府官员通常能找到办法干预这些即使名义上是独立的国内政策制定机构，特别是在经济衰退或选举临近的时候。发展中国家通常也缺乏足够的有能力的本土经济学家来充实独立的国内政策制定机构。

面对这些困难,国际货币基金组织、世界银行、世界贸易组织等国际机构可以提高发展中国家经济政策的完整性和质量。发展中国家遵从国际机构的权威而引入合适的政策,可以获得国内和外国投资者的信心。可惜的是,保守的左翼和右翼分子通常言过其实地批评国际机构侵犯国家主权,而不能理解这些机构所推广的政策的一般性质。批评通常也未能意识到这些机构在弥补"专业鸿沟"方面的角色——发展中国家缺少足够的具备专业技能的经济学家队伍,以及使其工作有效开展的资源。

总之,独立的国内和国际政策制定机构可以保证政府追求的经济政策能够促进长期的经济发展、繁荣和全社会福利。

6.3 拒斥神话

许多国家的公职人员已经设计出了良好的经济政策。

新自由主义的花言巧语引发了而不是揭示了对政府和公职人员的恶意不信任和诋毁。这种对政府和公职人员的看法与历史记录并不相符。许多国家的公共部门和公共机构在发展进程中扮演了重要且积极的角色。

没有证据表明公职人员生来腐败,或者会破坏政策制定过程。

公职人员与其私人部门的同僚相比,并没有更加腐败、对地位野心勃勃,或者效率低下(参见第7—11章)。私人部门在阻止对社会的危害行为方面也没有做得更好。腐败丑闻的发生在私人部门和公共部门一样频繁。甚至像美国这样的国家也是如此,尽管其私人部门被视为良好商业实践的典范,监管机构也被认为对私人部门的不正当行为保持了高度警觉。2002年发生的众多企业腐败丑闻(如安然、亚瑟·安达信)仅仅是美国私人部门腐败悠久历史的最新案例。这些合谋和贿赂问题,以及集中和垄断倾向表明,私人部门也有类似某些公职人员的自我膨胀行为。

私人部门和效率之间的关系(以及公共部门和无效率之间的关系)纯属想象。大型私有企业可能是巨大、行动迟缓的官僚机构,它导致无数自我膨胀、毁灭性竞争、欺骗、浪费的机会。并且,"效率"本身就是一个复杂(备受争议)的术语。更不用说存在许多不同类型的效率——对市场条件变化做出反应的效率、实现某些社会目标(如消除贫困)的效率,等等。一个在某一方面有效率的机构是否在其他方面也同样有效率并不明确。最后,私人或者公共机构是否正直和/或有效运行,很大程度上取决于能力、报酬、激励和处于该位置上的人,取决于它们身处其中的监管和制度环境,取决于履行工作时更广泛的政治和司法背景。

将政策制定权交到未经选择的技术专家手中,与民主、可问责性、透明原则背道而驰。更重要的是,这种策略甚至不能促进长期经济绩效。

通过建立对公共部门的不信任和漠视,新自由主义提供了一套必须把政策制定权交给政治上独立的技术专家机构手中的理论说明。按照这一方案,货币政策将委托给独立的中央银行,汇率政策委托给货币委员会,财政政策委托给财政当局(参见第11章)。这样,对公共事业的监管权就越来越多地委托给了独立的"专家代理机构"。同时，国际机构和规则在界定可接受的国内经济政策范围方面也扮演着日益重要的角色。对发展中国家的经济政策而言，当涉及政策监督和建立企业准则（甚至约束）时，国际货币基金组织影响巨大，尤其是在经济危机的场合。此外，国内的经济调控和政策也愈加服从于世界贸易组织制定的国际规则（参见第7章和第8.2节）。

将政策制定权委托给独立的国内和/或国际机构是颇受争议的。这一策略否定了民主治理的价值，并将政策过程隐藏到公共视线之外。显然，政治上独立的机构并不对公众负责，它们倾向于服务那些与他们紧密相关的范围狭小的团体利益。例如，国际货币基金组织和世界银行为全球金融团体服务，以及对主导其议程的强大政府负责。独立的中央银行和货币委员会接受来自金融界的暗示。强大且富有的国家和企业利益对世界贸易组织有着重要影响。

从新自由主义视角看，政治上独立的政策制定机构所带来的关键好处之一是，他们的使命不会因为流行的诉求而遭到破坏。但是，新自由主义的这一论断违背了其对经济领域自由的强调，在这里，人们被认为具有完全理性，拥有足够的经济知识、智慧和判断力，知道什么是他们的最佳利益。新自由主义抛弃了自治原则，支持由新自由主义经济学家组成的精英治理。

正如我们将在第二部分看到的（第7章、第8.2、11.1—11.2节），把政策委托给独立机构同样在经济上不可取。到目前为止，没有证据表明，从任何重要方面来说，将政策从政治过程中隔离开来会改善经济绩效。相反，许多证据显示，该策略给经济带来严重成本，特别是对社会中那些最脆弱的部分而言。这些结果与新自由主义所认为的独立的政策制定机构是国家利益的中立的守卫者相矛盾。典型的情况是，这些机构满足了投资者、借款人和企业的利益，而非服务于公共福利（参见第2章）。

第二部分　替代性经济政策

第二部分是经济政策手册。这一部分是为发展中国家现任和有抱负的政策制定者、在非政府组织和多边组织工作的人，以及发展政策的学习者准备的。每一章都对特定领域的经济政策进行了全面分析。我们对政策的讨论并没有面面俱到，尽管如此，它关注了那些亟需新思路的政策领域，以及对过去二十年被极力推广的新自由主义政策具有合理、可行的替代性的政策领域。

对每个政策领域的讨论由三部分构成。第一，我们介绍关于特定经济政策的新自由主义主张（"新自由主义观点"）。这里，我们会呈现新自由主义观点的最佳案例和支撑这个观点的经济逻辑。如有必要，我们将深入浅出地阐明一些专业术语，它们常常阻碍非经济学家理解新自由主义者提出的观点。其次，针对新自由主义案例中有问题的政策，我们会提出广泛的反对意见（"拒斥新自由主义观点"）。我们利用经济逻辑和经验的、全国性的和/或历史性的证据来驳斥新自由主义案例。最后，我们探讨一系列在我们看来在经济上合理可行的政策以替代由新自由主义经济学家提出的特定领域的政策（"替代性政策"）。读者不妨查阅"推荐延伸阅读"部分以参考特定政策领域新自由主义经济学家的著作以及提出替代性观点的经济学家的著作。

7. 替代性政策1：贸易和产业政策

7.1 贸易政策

新自由主义观点

最好的贸易政策是自由贸易政策。

自由贸易是指没有关税或其他种类的政府限制的贸易。简言之，自由贸易应该是所有发展中国家（甚至是所有国家）的理想之选。自由贸易有不胜枚举的优点，它为发展中国家提供了实现更高产出率和就业增长率、提高生产力和效率、提高生活水平、获得更多消费选择的机会。自由贸易还可以侵蚀腐败的优惠制度，在这个制度中，与政府有关系的人可以获得贸易许可证和其他保护。

自由贸易基于被普遍接受的比较优势理论。

比较优势理论认为，如果政府不"扭曲"贸易，一个国家将根据本国土地、劳动力和资本禀赋，专门生产和出口最适合的商品。如果一个国家在某些产业的相对表现（即与其他国家的表现相比）优于在其他产业的相对表现，则该国家就在该产业中具有比较优势。

这意味着，每个国家都会在某些方面具有比较优势。即使与其他国家相比，某国的所有产业都相对低效率（即在任何行业中都没有所谓的"绝对优势"），但在其效率差距最小的产业中仍会有比较优势。

一个例子可能有助于理解这个理论。让我们假设中国和德国都生产毛绒玩具和汽车，并且假设德国在这两个产业中都比中国更有效率，因此德国在这两个产业中都具有绝对优势。但如果两国在毛绒玩具的生产上差距较小（中国在该产业的效率较之德国差距最小），那么我们就说中国在毛绒玩具产业上具有比较优势，而德国在汽车产业上具有比较优势。

这对贸易有何影响？贸易理论主张，在自由贸易下，每个国家都能够并将专门生产其具有比较优势的产品，并通过与合作伙伴进行贸易来获得其不生产的产品。在我们的例子中，中国将会通过出口玩具换取汽车。贸易理论表明，随着每个国家都这样专业化生产，每个国家都比贸易前更加富裕、境况更好；贸易前各国都不得不生产两种产品。

由此看来，比较优势理论对发展中国家具有振奋人心的影响，因为许多发展中国家在任何产品的生产上都没有绝对成本优势，但总会有一些产品的生产效率是相对非低效的。自由贸易使每个国家都可以从其他国家获得国内不生产的产品。

比较优势理论也为拒绝生产领域和贸易领域的国家干预提供了依据。在既定的现有资源条件下，政府对生产或贸易的干预会扭曲与不同产品的生产相关的相对盈利能力的价格信号。这种扭曲会导致某国专注于生产一种其并不具有比较优势的产品。结果是，该国生产的总产品减少，社会福利也将因此受到损失。

重温中国—德国的例子可以说明这一论点。假设在与德国的竞争中，中国政府对进口德国汽车征收关税，保护本国的新兴汽车产业。如果关税足够高，中国消费者将不会购买德国汽车，而是购买中国制造的汽车。对中国汽车的需求增加将导致中国的企业家退出其他产业领域（如玩具生产），进入汽车产业。但这种产品专业化转换并不会使中国经济整体受益。这是由于与生产玩具相比，中国的资源在汽车生产中相对效率较低。因此，政府鼓励汽车生产的决策直接导致中国的总产出水平降低。

比较优势理论也为单边贸易自由化提供了理论依据。

在全球性论坛（如世界贸易组织）中，发展中国家常常抱怨工业化国家对其出口不开放。然而，可以援引比较优势理论来证明，不管贸易伙伴如何做，发展中国家取消贸易壁垒都会更好。因此，一国贸易伙伴的政策无关紧要。

我们再次回到中国—德国的案例上来解释这一观点。即使德国对从中国进口的玩具征收关税，中国也将会从取消对德国汽车的关税上获益。正因如此，中国消费者的生活水平将会提高，因为他们现在可以购买到更加便宜的汽车。德国对中国玩具征收的关税将主要损害德国消费者的利益，他们必须支付更高的价格。

历史和统计记录表明自由贸易对发展是至关重要的。

当今的工业化国家是在自由贸易基础上发展起来的（参见第1章）。尽管几乎所有的工业化国家在发展过程中都拥抱自由贸易，但美国和英国的经济发展历程尤其可以证明自由贸易的益处。并且,还有大量的统计证据支持自由贸易。这些研究表明,在"二战"后的时期里,较少限制贸易的国家增长速度超过其对手。①

对于某些关税的征收,有一些合法的公共政策理由,但这些理由非常有限。

发展中国家的政府有时会为了增加财政收入或为具有国家重要性的新产业提供临时保护,而征收关税。如果政府一定要征收关税(尽管政府应首先考虑其他选择),那么所有产品的关税必须低且统一。统一关税意味着每种进口产品的税率相同。统一的低关税可以最大限度地减少扭曲,因为这样的关税政策不会鼓励国内生产商转向任何单一产品线的生产。普遍认为,统一的进口关税税率应保持在5%左右。

也有些理由是为了在国际竞争中保护国内新兴产业。然而,这种被称为幼稚产业保护的保护措施必须是临时性的(不超过5—8年),并且只有在某行业具有很大成功机会的情况下才能实施。这个保护幼稚产业的关税税率应该被控制在5%—10%之间,并且在任何情况下都不应超过20%。② 请注意,WTO允许征收税收和幼稚产业关税,只要它们大致在此处提到的规定范围内。

自20世纪80年代以来,许多发展中国家政府大力推行贸易自

---

① 在学术文献中,术语"开放性"或者"外向性"比术语"自由贸易"或者"较少限制贸易"更常用。我们互换地使用这些术语。

② 在Little,Scott和Scitovsky于1970年所著的具有影响力的长期以来被认为是发展中国家贸易政策的开创性新自由主义著作中,他们认为,对于更先进的发展中国家来说,合理的关税税率应该几乎为零,即使是最贫穷的发展中国家,其税率也至多为20%(1970:159)。

由化,因为他们终于意识到了自由贸易的优点。

许多发展中国家最近采取了更自由的(如果不是完全自由的)贸易政策,这表明,这些政府最终承认,以进口替代工业化(ISI)的名义保护低效的国内产业的计划失败了。20世纪80年代的债务危机促进了发展中国家彻底的贸易自由化。这是因为贸易自由化是国际货币基金组织/世界银行的结构调整计划(SAPs)的重要组成部分。在许多情况下,结构调整计划的贸易自由化部分为各国政府解除贸易保护的艰巨任务提供了政治掩护。

国际自由贸易协定(甚至区域性协定,例如北美自由贸易协定NAFTA)进一步推动了贸易自由化。正如结构调整计划那样,贸易协定也为政府终止某些保护性措施提供政治掩护。(参见章节11.1和11.2的相关讨论)。在"二战"之后早期,关贸总协定(GATT)导致关税削减。1995年,世界贸易组织的启动,加强了有关自由贸易的全球性承诺(尤其是在发展中国家)。世界贸易组织鼓励政府仔细考虑任何贸易干预的成本,并为限制性和临时性使用的保护措施制定了明确的指导方针(见上文)。

贸易自由化可能导致短期或中期混乱。但总的来说利大于弊,它带来的益处远大于它诱发的混乱。

贸易自由化可能在短期或中期带来一定的成本。一些工作岗位、企业甚至是产业可能无法参与国际市场竞争。由此产生的损失被称为调整成本。但是承认这些成本并不会削弱自由贸易的观点,原因有三。第一,总体上看,调整成本是暂时的,而且很小,而贸易自由化带来的收益却是长期的,远大于成本。例如,因钢铁产业参与国际竞争而失去工作的钢铁工人,最终会在蓬勃发展的新部门中找到工作。第二,贸易自由化所带来的总经济收益超过了某些群体所遭受的损失。第三,政府可以利用自由化提供的更多资源来补偿那些由于贸易自由化而面临暂时混乱的群体。

拒斥新自由主义观点

对于发展中国家来说,自由贸易并不是最佳的贸易政策,尤其当他们与工业化国家进行贸易时。

新自由主义者基于比较优势理论推进他们的自由贸易观点,他们坚持认为比较优势理论是在国际贸易领域毫无争议的经济理论。但事实并非如此。对于比较优势理论,存在一些重要的反对意见。

比较优势理论基于一系列特定的和不现实的假设,这些假设涉及技术、产业结构、宏观经济条件以及劳动与资本的流动性。经济学家的许多研究显示,在很多国家,尤其是发展中国家,根本不具备这些条件。国际贸易理论的重要组成部分表明,干预主义的贸易和产业政策是有益的,甚至在比较优势理论的框架内也是可以相容的(例如,Krugman 1988)。

也有替代性的贸易理论认为,发展中国家与工业化国家不受限制的自由贸易会损害发展中国家的长期经济表现。幼稚产业保护理论认为,在自由贸易之下,贫穷国家会专门生产短期能够带来最大收入的产品,这与比较优势理论得出的结论完全一致。然而,该保护理论指出,这种专业化模式阻碍了贫穷国家的长期增长和发展。

因此,幼稚产业保护理论的支持者对贫穷国家和富裕国家之间的贸易持怀疑态度。对这种情形的一个有力证明是，墨西哥在北美自由贸易协定中令人失望的发展经验。墨西哥的经验应该是对其他国家的一个强有力的警告，这些国家正在考虑加入美国总统布什的计划，将北美自由贸易协定向南扩展到美洲自由贸易区（FTAA）中。墨西哥的经验表明，发展中国家应谨慎考虑与工业化国家的贸易关系。如果发生这种贸易，发展中国家必须通过选择性地使用关税和其他贸易保护及支持措施来谨慎管理贸易关系（参见章节7.2）。

幼稚产业保护理论家认为，发展中国家应该培育能够促进长期经济发展的生产（和专业化）模式。幼稚产业保护理论有相当悠久辉煌的历史渊源。它的第一次成功实践是在英国，1721年英国第一任首相罗伯特·沃波尔（Robert Walpole）的贸易政策改革。然而，这一理论是由美国第一任财政部长亚历山大·汉密尔顿（Alexander Hamilton）于1791年首次系统发展的。

在汉密尔顿之后，19世纪美国许多经济学家和政治家（其中包括亚伯拉罕·林肯（Abraham Lincoln））有力地驳斥了英国正统学说所认为的自由贸易有利于所有国家这一观点。他们认为欠发达国家（如当时的美国）的新兴产业需要关税和其他保护政策，以使其能够在更发达国家（如英国）的强大竞争对手压力下实现发展。19世纪20年代，一位美国国会议员曾有一句名言：英国的贸易理论"就像大多数英国制造的商品一样，是用来出口的，而不是用于国内消费的"。

19世纪20年代，在美国流亡了一段时间的德国经济学家弗里德里希·李斯特（Friedrich List）接受了汉密尔顿的观点，并于19世纪40年代，对幼稚产业保护理论进行了最详细、最有力的阐述。李斯特的著作启发了许多国家的贸易和产业政策，从19世纪后期的德国和日本到"二战"后的许多发展中国家。

自由贸易不是现今工业化国家的发展方式。

与许多新自由主义者的主张相反，很少有国家在自由贸易下成功取得工业发展（参见章节1）。广泛的幼稚产业保护是18世纪英国以及19世纪、20世纪初美国实现经济发展的核心。几乎所有其他工业化国家也都在经济发展的最重要时期使用了关税、出口补贴和其他贸易保护措施（尽管在很大程度上比不上英国或美国）。

在国家经济发展过程中，现今的发达国家使用了下列政策工具的不同组合：征收关税；对用于生产出口品的进口品实行关税退减；出口补贴；限制重点行业原材料的出口；政府对出口产品的质量进行管制；以及政府提供出口市场信息和营销援助。许多其他国家后来也成功地应用了这些政策（例如巴西、印度和东亚新兴工业化国家（NICs））。世界上许多最成功的经济体所采用的贸易政策，与如今盛行的由正统的工业化国家大力提倡（但不实施）的自由贸易理论截然相反。

新自由主义观点（更开放的贸易带来更快的经济增长）在理论上和统计上的支持极为薄弱。

比较优势理论告诉我们，相比于完全不向国际贸易开放市场的情况，自由贸易可以让一个国家消费更多的商品。但是，自由贸易带来的消费机会的增加，随着时间的推移，并不等同于经济增长水平的提高。的确，在比较优势框架中并没有暗示，在其他条件相同时，随着时间的推移，一个拥有更开放的贸易体制的经济体将会增长得更快。有趣的是，最老练的新自由主义贸易经济学家也承认比较优势理论的这一局限性（例如，Krueger 1980）。

关于自由贸易的经济增长效应的统计证据也是很薄弱的（参见Evans 1989；Rodriguez and Rodrik 2001）。其中许多统计研究对贸易开放程度的测量方式相当敏感。其中一些研究对贸易开放的定义非常宽泛，以至于有些高度贸易保护的国家也被认为高度贸易开放。例如，在一项著名的研究中（Sachs and Warner 1995），只要平均关税税率低于40%，这个国家就被认为具有一个开放的贸易政策体制。在这个存在争议的基础上作者得出结论：开放的贸易政策有利于经济增长。此外，只有一些研究报告显示，更开放的贸易和更快速的增长之间有统计学上的正相关性（虽然不一定很强）。但其他研究则发现贸易开放与经济增长之间并没有相关性；甚至还有一些研究发现二者之间呈现负相关关系。

统计相关性并不能证明因果关系。开放程度和增长之间的统计相关性不能被合理地解释为更开放的贸易会导致更快的增长。因为，因果关系的方向与新自由主义者所做的假设也有可能是恰恰相反的。在反向因果关系下，更快的增长和更高的生产率可能会让各国更快地开放贸易。这是因为，快速增长的经济体的生产力的提高，可能使它们能够更成功地与发达国家展开竞争，从而减轻了对幼稚产业保护的需求。或者，贸易开放度和增长（无论方向）之间的相关性可能根本不反映这两个因素之间的任何关系。例如，一个发展中国家可能会由于负面的外部冲击（例如油价上涨、主要出口商品价格下降）而经历负增长，而此时恰好实行保护主义的贸易政策。但这并不意味着增长与贸易保护之间存在因果关系。

最后，在"二战"后的时期里，个别国家的经历引起了人们对新自由主义观点的怀疑。在发展中国家，"二战"后增长最快的是那些没有实行自由贸易的国家。在这点上，明显的例外是香港和新加坡，是专门从事国际贸易的城市国家的地位使它们成为特例。新加坡政府在吸收其认为对经济增长重要的外国投资方面发挥了积极作用（参见章节9.4）。20世纪60年代和70年代，韩国、中国台湾和巴西的经济增长令人印象深刻，这些地区从战略性的贸易政策中获益良多；在20世纪80年代，在相同的政策下，前两个地区继续保持了令人印象深刻的增长纪录。20世纪90年代表现出色的中国和印度，也实行了卓有成效的战略性贸易政策。在不同程度上，所有这些国家都混合使用了目标关税保护、补贴和出口促进，就像工业化国家在其发展过程中所做的那样。

与贸易自由化有关的混乱比新自由主义者承认的要严重得多。

即使贸易自由化在某一特定背景下是可取的，它无疑会带来严重的短期和中期成本。新自由主义者承认这些代价，但却未能严肃对待它们。

贸易自由化必然会涉及对受保护的产业部门和不受保护的产业部门的资源进行重新配置。新自由主义者大大低估了资源重新配置的成本和时间。在经济学教科书的世界里，所有的资源都是完全自由流动的，因此资源的重新配置可以做到零成本、零延迟。但现实却是，资源的重新配置涉及经济和人力成本以及时间。一些物质资源，例如钢铁厂或汽车厂，可能不得不被放弃，因为它们不能被改造成适合于其他用途的设施。工人们可能不得不需要重新接受培训和（或）重新派遣到新行业去工作，而这些通常并不能快速或低成本地实现。

一旦考虑到资源的有限流动，我们就会发现，贸易自由化在短期到中期，都会对经济增长、就业和生活水平带来不利的影响。如果某些工厂在贸易自由化后被迅速关闭，那么消费、产出和就业都可能会收缩。而这些经济活动的收缩也有可能对其他公司以及整体经济产生连锁反应。

新自由主义者坚持认为，只要那些失业的劳动者具有完全的灵活性和移动性，他们就会及时发现新的就业机会。然而，无论是从个人还是从社会的角度来看，我们都没有理由相信，贸易自由化所创造的新机会将会比失去的机会好。例如，假如由于贸易自由化而失业的钢铁工人只能找到门卫的工作，这不仅导致其收入明显下降，而且也意味着，用于培养他们技能的资源已经停止为社会带来任何回报。

除了考虑这些短期和中期的调整成本以外，还有一个问题是如何补偿那些在自由贸易环境中利益受损的群体或部门。大多数新自由主义者相信，这种补偿很可能会"自然而然地"发生，因为新产生的财富最终会产生"涓滴"效应。即使是少数新自由主义者认识到涓滴效应可能并不足够，他们仍然认为一些最低限度的临时补偿方案（例如最低社会保障体系）就足以解决这个问题。但是，在发展中国家，这些方案的资源来自于何处，特别是当贸易自由化大幅减少政府收入的主要来源——关税收入时？① 被贸易自由化剥夺权利的团体，如何有效地在政治上动员起来，要求政府给予赔偿？②

替代性政策

与新自由主义者不同，我们不会提供一种普遍适用于所有发展中国家的单一贸易政策模式。然而，贸易政策的一项基本准则是，保护某些行业不受国际贸易竞争的影响，这对长期发展至关重要。

保护性贸易壁垒——无论是通过关税还是其他措施，如配额、给国内企业补贴——对发展中国家的工业发展是十分重要的。从长远来看，发展工业，尤其是发展先进工业，可以提升发展中国家的生活水平和生产率。

无可否认，贸易保护确实有短期成本（如，发展中国家的消费者无法以更低的价格购买工业化国家生产的相同产品）。对于较小的国家来说尤其如此，因为小规模生产往往会提高大多数行业的生产单位成本（尽管其中一些成本可以通过为出口市场生产来抵销）。但是必须权衡好贸易保护的短期成本与创造一个充满活力的工业部门的长期收益之间的关系。

这个成本收益计算的结果取决于很多因素——最重要的是，能否引导国内受保护的产业中的生产者提高生产率；政府能否为产业

---

① 因为关税很容易征收，所以与税收管理强的发达国家政府相比，税收管理弱的发展中国家政府往往更依赖关税收入（参见章节 11.3）。

② 在墨西哥，被剥夺权利的玉米种植者无法向政府施加压力，以补偿他们所遭受的重大损失。这些损失来源于，在北美自由贸易协定的规定下，墨西哥市场完全对美国玉米开放。因此，北美自由贸易协定意味着墨西哥小农户生活水平的严重下降。

发展提供补充性支持，如教育和基础设施。与贸易自由化一样，选择性贸易保护政策的采用可能会导致一些工人和行业的混乱。为这些损失提供补偿的任务，即使是在短期内，也必须认真对待，这既是出于公平的原因，也是出于为改革争取广泛的公众支持的需要。

保护的具体形式应取决于国家市场的规模和现有的工业能力。

有着重大工业能力的大国（如中国、印度、巴西和墨西哥），可以从国内生产者具有国际竞争力的行业或部门的自由贸易中获益。新兴产业，尤其是那些被认为具有战略意义的新兴产业，应该受到保护，直到他们具有国际竞争力。由于国内市场规模大，大型发展中国家并不十分依赖出口。虽然如此，仍应促进出口（但不是不惜一切代价）。出口不仅提供外汇收入，有了外汇收入就可以从工业化国家购买技术，而且还可以使国内企业达到较高国际质量标准。

拥有中等工业基础的小国，可以从将幼稚产业保护与出口促进相联系中获益。小国的国内市场不足以充分支持各种不同的产业发展。因此，小国有选择性地出口鼓励是很重要的。出口鼓励计划的内容可能有所不同。在现行世贸组织规则下，一些类型的出口鼓励是被允许的。例如，世贸组织只允许最贫穷的国家提供出口补贴，就是那些人均收入低于1000美元（大约）的国家。然而，在世贸组织规则下，用于出口产品生产的投入品仍有可能享受关税退税。因此，可以更积极地利用这一方案，以促进出口（就像18世纪的英国和"二战"后的韩国和中国台湾一样）。①

---

① 然而，这种工具只有对有关投入征收大量关税时才有效。

与出口无关的商业补贴在世贸组织中仍是被允许的。政策制定者可以找到创造性的方法以确保更广泛的商业补贴间接地促进出口。例如，政府可以在经济落后的地区建立工业园并为当地企业提供区域发展补贴。其中一些公司可能会为国内市场生产产品，并期望在未来能够获得出口的成功。政府的贸易机构可以为出口商提供信息和营销支持，尤其是对小公司。政府还可以通过设立出口加工区（EPZs）来吸引出口导向型的跨国公司，或向跨国公司提供与出口无关的补贴（不过，请参见章节9.4的说明）。

几乎没有任何工业基础的非常贫穷的国家面临着最大的挑战，但同时在世贸组织规则中也拥有最大限度的自主权。极度贫穷国家可能会受益于对更基础的制造业（如纺织业、食品加工业）的保护和补贴，因为即使是这些工业，没有了政府保护，也可能不具备国际竞争力。提供给基础制造业的资源，可以从初级产品出口的收入中提取。根据世贸组织规则，极度贫穷国家可以使用出口补贴。因此，应尽一切努力利用这一优势，以生产出尽可能多的基础制造业出口产品。扩大出口部门的生产规模主要有两大好处：国家通过出口可以赚取尽可能多的外汇；出口部门的单位生产成本可以降低。然而，采用这一战略的政府还必须设计一种转型战略，以便随着时间的推移，该战略能够使该国转向更成熟复杂的制造业。

现行的世贸组织规则并不排除一切干涉主义的贸易政策。此外，这些规则须经解释和谈判。

世贸组织的自由贸易愿景不符合许多发展中国家的愿望。世贸组织的治理机制在议程制定和协议执行方面，偏向于工业化国家。

世贸组织还加大了发展中国家利用贸易保护的难度。

虽然如此，在目前的世贸组织规则下，仍有一些贸易保护的空间。尽管许多国家大幅降低关税，并在其世贸组织义务规定下设定了最高关税税率上限，但这些上限仍保持在20%—30%的水平。如此规模的关税有能力影响许多行业的贸易和生产模式。

世贸组织仍然允许某些类型的补贴——这些补贴在世贸组织的语言中是"不可起诉的"。在世界贸易组织中，对基础研究和开发（R&D）的补贴和对经济落后地区的补贴是不可起诉的。事实上，许多工业化国家打着支持R&D或落后区域的幌子补贴其他产业。

在发生国际收支困难时，发展中国家也可以在部门一级（例如，由于某些工业品的进口迅速流入）或整体经济层面临时管制贸易。就国际收支问题而言，政府在决定对哪些部门实施何种控制方面有很大的自由度，从而确保他们能够利用这些控制来实现更广泛的产业政策目的。当然，应当指出，世贸组织规定，管制的严厉程度必须与国际收支问题的规模相称。

最后，正如在任何法律框架中一样，世贸组织规则也是宽泛原则的陈述。因此，世贸组织规则必须通过争端解决小组来积极解释。这就带来了发展中国家采取集体行动的可能性（特别是其中一些最大的国家，发挥了领导作用）。他们可能会要求以更有利于自身利益的方式来解释世贸组织规则。另外，泰国前经济部长素帕猜（Supachai）先生被任命为世贸组织新的总干事[1]，这意味着"法律解

---

[1] 素帕猜·巴尼巴滴（Supachai Panitchpakdi），2002年9月任世界贸易组织总干事，任期3年。

释"世贸组织协议的过程可能会对边缘的发展中国家更加有利。

世贸组织的规则并非一成不变。

世界贸易组织协议可以而且应该被改写，以使它更适合发展中国家的干预主义贸易政策（参见结论）。在这方面，发展中国家的集体行动也将有助于推动这一议程。还有一些工业化国家，如法国和日本，在那里，自由贸易思想的影响力远远小于美国和英国。这些国家可能是在重要领域重新修订世贸组织协议的有益盟友。

7.2　产业政策

术语

产业政策更准确地说是选择性产业政策。选择性产业政策是指支持某些产业或部门发展的政策，以期长远提高国民经济福利（Chang, 1994: ch.3）。这可以通过一系列政策来实现，如贸易补贴、贸易许可、信贷和资本配置的管理，以及价格和投资的管理。

新自由主义观点

国家不应该左右产业发展。

与贸易政策一样（参见章节7.1），政府不应分配资源，因为这些决策会受到政治考虑的扭曲，并将导致效率低下。这是所有国家都面临的问题，但在发展中国家更为严重，因为其官员更腐败并且（或者）不称职。

除在一些特殊领域之外，市场机制能够实现经济资源的最优配置。市场不能最优化配置资源的情况，被称为"市场失灵"。在市场失灵的情况下，国家干预可能会提高社会福利。但这种市场失灵非常少见并且主要发生在基础设施（例如道路）、法律保护（合同执行）和科学研究等领域，而不是在产业领域。[1]

选择性产业政策造成效率低下，带来腐败，阻碍创新，损害长期增长和社会福利。

在产业部门中很少有市场失灵。如果国家在不存在市场失灵的地方进行干预（最高限价或补贴），它将通过干扰价格信号从而扭曲资源配置。例如，对某一特定行业进行补贴、人为地虚假提高该行业的利润。结果是，企业家从其他行业转移到补贴行业。虽然消费者对该行业产品的需求没有增加，但受补贴行业的总产出仍将增加。（这个论点类似于对贸易保护的反对；参见章节7.1）

选择性产业政策也阻碍了创新，即新产品、生产流程或管理技术的产生。如果政府禁止企业家的行为和（或）消除了冒险的回报，企业家将不会进行创新。实际上，创新减少所带来的长期经济成本，

---

[1] 两类市场失灵是最常被提及的，即公共产品和外部性。之所以命名为公共产品，是因为一旦它们被提供，就必须对整个社会公众开放，而不是只向为它们付费的个人开放。这是因为你不能限制任何人享受公共产品的好处。例如，你不可能设计出一个国家防御系统，它能让入侵的军队只占领那些没有支付国防费用的人的房子。知道了这个道理，即使人们想要一个国防系统，如果国防系统是通过市场提供的，个人就不会付费购买。因此，只能由政府提供国防这种公共产品。外部性是一项特定活动对没有参与其中的各方的影响。例如，科学研究通过扩大现有的知识库，使那些没有为此付费的人受益。因此，政府鼓励更多的科学研究，而不是仅仅依靠市场刺激，这符合社会利益。

甚至可能超过与选择性产业政策相关的短期低效率。

最后,选择性产业政策还带来了政治问题。选择性的产业政策需要一个官僚机构来管理。一个拥有权力的官僚机构可能会拖累经济增长,原因有很多。官僚们为了证明他们工作的正当性或者为了创造更多的索贿权力,会制定成本高昂且耗时的规定,从而让企业的高效经营变得困难。在这样的环境下,私人部门必须投入大量资源进行游说,这将使人才从研发等更"具生产性"的活动中转移出去。

发展中国家的经验表明,选择性产业政策不起作用,并对经济有害。

20世纪50年代至70年代,许多发展中国家实施了选择性产业政策,作为其失败的进口替代工业化(ISI)计划的一部分。快速工业化被视为国家建设和现代化的关键。在许多情况下,殖民主义的遗产也助长了发展强大的、独立的工业部门的愿望。

在拉丁美洲兴起的结构主义学派的经济理论以及与经济学家保罗·罗森斯坦-罗丹(Paul Rosenstein-Rodan)、罗格纳·纳克斯(Ragnar Nurkse)和提勃尔·西托夫斯基(Tibor Scitovsky)有关的"大推进模型",为ISI计划和与之相关的选择性产业政策提供了思想基础。结构主义学派由劳尔·普雷维什(Raul Prebisch)领导,他是阿根廷前中央银行行长兼联合国拉丁美洲经济委员会(ECLA)主任。

结构主义认为,在没有贸易保护和选择性产业政策的情况下,发展中国家不可能成功建立起自己的工业基础。而与此同时,大推进模型认为,只有在国家同时推进相关产业的发展时,发展中国家的工业化才会成功。如果没有这种协调努力,对于国内工业来说,其产品不会有足够的需求，其生产过程所需的投入品也不会有充足的供应。

在20世纪50年代至70年代之间（在某些情况下，至20世纪80年代），许多发展中国家的政府采纳了结构主义和大推进模型的互补观点。这导致了选择性产业政策的广泛采用。例如，在印度，总理尼赫鲁的政权推行了一项激进的计划，试图通过迫使资源投入生产资本品的行业，加快工业的长远发展。

这样的政策是完全失败的。这些方案未能实现他们促进工业化持续发展和结束对工业化国家依赖的最基本目标。这些方案还需要大量的外国借款，从而导致20世纪80年代的债务危机。

如果要使用产业政策，必须是一般性的。

与贸易保护一样，发展中国家只应采用一般性而非选择性产业政策（参见章节7.1）。一般性的产业政策意味着政府干预不应偏袒任何单一产业。例如，提供基础教育和基础设施、支持广泛的研发。

虽然竞争政策是一般产业政策的一个合法组成部分，但它应该被非常谨慎地实施。竞争政策涉及反托拉斯法（防止垄断企业滥用）和建立监管机构。考虑到这些监管机构容易因游说（"监管俘获"）而腐败，如果竞争政策想要成功，那么创建具有政治独立性的监管机构是十分重要的，这些机构的运作几乎没有任何自由裁量权（参见章节11）。

拒斥新自由主义观点

有许多经济学理论为选择性产业政策提供了理论基础。

新自由主义者拒绝选择性产业政策，直接源自其国际贸易理论和其对国家和市场的理解(参见章节 7.1,第 1 章和第 6 章)。一旦我们超越这些自由主义的不完整的、有偏见的理解,我们就会发现很多选择性产业政策的可靠的理论依据。

大量的经济理论和实证研究表明,市场参与者往往低估了研发等特定活动的长期收益(参见章节 9,10)。因此,对这些活动提供政府支持是必要的,因为这些活动都具有国家重要性,并且需要很长时间才能取得成果。

研究还表明,市场并不总能恰当地评估外部性(参见注释 6 关于外部性的定义和讨论)。例如,特定行业的研发可能会对许多行业的技术发展产生积极的影响。在这种情况下,政府对特定而不只是"基础的"研发的支持是合适的。

根据大推进理论,市场并不总是能很好地协调大型的、相互依存的决策。因此,各国政府需要在协调互补性投资决策方面发挥重要作用。与此同时,市场无法协调相互竞争的投资决策,这也是个事实。这种协调失败可能导致重复投资或者产能过剩,从而导致供应过剩、商品价格下跌(Chang 2001)。重复投资的后果不能总是被迅速或轻易地克服,例如,钢铁厂不能轻易地转变为纺织厂。国家在防止过度重复性投资方面发挥了重要作用。

在工业化国家和发展中国家,有关选择性产业政策的追踪记录远比新自由主义者所承认的更加令人印象深刻。

众所周知,日本、韩国和中国台湾等东亚地区成功运用选择性产业政策(日本,参见 Johnson 1982;韩国,参见 Amsden 1989;中国台湾,参见 Wade 1990)。在这些地区,政府明智地采取国家干预和市场激励(特别是在出口市场方面)相结合的方式,以促进一系列国内产业发展。各国政府还采取了一系列政策措施,来实现产业结构现代化并提高生产力。这些措施包括:保护幼稚产业;对出口和其他商业进行补贴;定向信贷(国有控股银行向指定行业提供信贷补贴);制定指示性投资计划[①];对产业投资实行管理与协调;以及对研发和培训提供有针对性的全面的支持。如果没有产业政策,日本和韩国的世界级汽车工业、钢铁和电子工业,以及中国台湾的电子和化工产业就不会得到发展。

此外,选择性产业政策的成功并不局限于东亚。其他发展中国家也通过使用选择性产业政策取得了成功。最著名的例子是巴西的航空航天工业。"二战"后,许多欧洲国家,尤其是法国、奥地利、挪威和芬兰,积极采用选择性产业政策(Chang 1994: ch. 3)。这些国家利用指示性投资计划、国家金融控制、国有企业、各种贸易管制措施和工业补贴,来实现工业现代化,从而能够和英国这样的国家竞争并最终实现超越。

最后,值得一提的是,东亚和欧洲的产业政策从来不是反市场的。他们的产业政策涉及对市场力量的选择性控制。对市场力量的控制是为了增强国有企业在国际市场上的竞争力。

执行问题是一些国家选择性产业政策失败的主要原因。

[①] 指示性投资计划是指政府通过广为宣传的计划来"指示"希望在何处鼓励投资的做法。从苏联式计划的意义上讲,这个计划不是强制性的。但该计划的效果是将投资导向政府优先考虑的领域,因为政府通过补贴和其他支持鼓励这种投资,而且这种做法提供了私人投资者协调互补活动的"焦点"。

选择性产业政策并非在所有地方都会成功。几乎所有的失败案例都是因为缺乏适当的问责、绩效考核和监督机制。当政府实施贸易保护并（或）对某些行业进行补贴，但是却没有绩效监督考核，也没有将支持政策与绩效考核挂钩时，失败就会发生。在这种情况下，选择性产业政策通常不会改善国内经济表现。

选择性产业政策的成功经验与政府的绩效监督和绩效目标密切相关（Amsden 1989; Johnson 1982）。例如，在韩国和日本，企业必须证明他们正在利用国家支持来提高生产率和（或）出口。如果他们没有这么做，那么他们将会受到惩罚，在随后的时期里撤销国家资助。

有能力的、忠诚的公职人员与选择性产业政策方案的成功息息相关，这是发展中国家关切的问题。确实，政府监督和约束受资助者的能力，取决于公务员执行政府政策的能力。一些分析人士认为，只有当独裁者掌权时，这种程度的国家自治和能力才能存在。在这方面，韩国和中国台湾的经验经常被引用。但是，许多民主国家应用选择性产业政策的积极经验表明，独裁专制并不是公职人员能力和政策成功的先决条件。日本、法国、奥地利、挪威和芬兰都是民主国家，它们有效使用了选择性产业政策。

其他分析人士认为，有能力的、忠诚的政府官员是国家独特历史的产物。但情况并非总是如此。一些国家通过政治、经济和行政改革可以建立一支称职的公务员队伍。例如，在"二战"前，法国公务员高度保守，强烈反对政府干预。但"二战"后，关于政府干预的观点产生了显著变化。实施干预主义政策的行为改变了法国的公务员制度——事实上，它很快成为世界上最具活力和前瞻性的公务员制度之一（Cohen 1977）。一直到20世纪50年代，韩国的公务员始终被认为是高度腐败和无能的（Chang 1994: ch. 4）。随着经济政策体制的改变，这种情况也发生了相当迅速的变化（参见章节5）。[1]

新自由主义认为只能追求一般性的产业政策，这很难理解，因为只有极少数产业政策措施是真正具有一般性的。

除了对小学和初中教育的支持，很难想象什么类型的干预政策，其对某一产业的影响不会多于对其他产业的影响。例如，支持研发对高新技术产业的益处大于对纺织业的益处。另外，政府对技术熟练工人培训计划的支持必定面向某些行业，而不是所有行业。很难想象一个不针对培养某种特定类型工程师的通用的工程培训计划（例如化学工程师而非电气工程师）。

替代性政策

正如贸易政策那样，不存在适合发展中国家的选择性产业政策的单一模板。

工业化有许多路径。可以选择在强有力的幼稚产业保护的基础上，借助积极的出口战略建立广泛的工业基础。这是日本和韩国的工业化道路。具有丰富自然资源的国家，适合于建立与资源密切相

---

[1] 当然，公务员的素质并不是决定一个国家产业政策成功的唯一因素。另一个关键因素是政府整体发展计划的连贯性，选择性产业政策只是其中的一个组成部分。例如，如果没有实质性的资本控制和一定程度的金融监管，选择性产业政策不太可能取得成功（参见章节9, 10）。

关的工业基础。这是斯堪的纳维亚国家的工业化道路。在其他国家，可以通过在技术上有活力的产业战略性地吸引跨国公司来实现工业化（参见章节8.2和9.4）。新加坡和爱尔兰的工业化战略就是基于此种方法。

选择性产业政策设计的第一步是为国家制定整体"发展愿景"。

政策制定者应谨慎确定本国的自然资源和人力资源禀赋以及本国的能力（例如本国生产者的实力），并检查国际和区域市场条件，这是至关重要的。这些因素应该在各国制定发展愿景中占据重要地位。

通过思考早期成功案例所使用的工业化模式，可以促进发展愿景的设计。例如，政策制定者可以对"美国""斯堪的纳维亚国家""德国""日本或韩国"或者"新加坡"的工业化模式进行思考。毋庸置疑，这些模式只能作为启发式工具来使用。我们并不是说应该盲目地追随引进的模式。

在发展的早期阶段，所有的发展中国家都在自然资源相关产业中具有（相对）优势。例如，在20世纪50年代，韩国最大的出口产品是反应不佳、臭名昭著的钨矿。然而，即使是在没有明显"自然"资源相关性的地区，也可以建立生产能力——虽然韩国不生产铁矿石和焦煤，这二者是炼钢的关键原料，但韩国还是建立了世界最有效率的钢铁行业之一。

一旦制定了产业战略，第二步就是设计其他领域的政策，以期能够促进产业政策的实施。

宏观经济和财政政策应该鼓励投资，这是非常重要的（参见章节 10，11）。这是产业升级和提升长期竞争力的关键。教育、基础设施、公共投资和技术政策也必须配套支持产业政策（关于公共投资，参见章节 11.3）。例如，政策制定者如果想要发展电子行业，就必须将资源输送到大学的电子工程系，同时也应该在电子和通信网络方面进行投资。

第三步是制定明确的绩效目标和实现这些目标的激励措施。这要求建立必要的执行能力——包括人力和制度能力。

重要的是，设计产业政策时，应尽量减少失败的可能性。在这方面，明确的绩效目标是很有必要的。

适当的绩效目标设计取决于所涉及的特定行业。在日本、韩国和中国台湾地区，目标通常聚焦在出口增长、本地容量和研发能力的提高以及抵御进口竞争能力的提高。人们普遍认为，基于出口的绩效目标具有优势，可以提供易于验证且相对客观的绩效标准，尽管它们不应该是唯一的标准。此外，设定绩效目标必须切合实际。这需要企业、行业和政府之间对话。然而，必须谨慎行事，避免设定过低的目标，即私营部门按照自己的方式就很可能实现的目标。

绩效目标的设计和监督需要一支有能力的公务员队伍，这在许多发展中国家不太容易做到。可以通过体制改革和提高雇员技能来提高发展中国家公务员的质量。在这方面重要的是，这并不意味着必须雇用受过良好教育的经济学者。在东亚，熟练管理产业政策的公务员大多是律师（在日本，其次是韩国）和工程师（在中国台湾和中国大陆）。

奖惩必须与绩效目标挂钩。这可能会带来政治问题和游说，尤其是在未达到目标而受惩罚时。但许多国家（有些是民主国家，有些是独裁国家）的经验表明，这些政治压力是可以克服的。所需要的是制定一个方案，以便在长期发展战略上达成共识，其中产业政策是长期发展战略的组成部分。

8. 替代性政策 2：私有化和知识产权

8.1 私有化

术语

新自由主义者推动私有化政策，这一政策将资源和企业从公共所有变为私人所有。这种所有权的转让是通过出售以前由国家持有的资产来完成的。在某些情况下，销售通过资本市场进行，比如私人投资者购买原国有企业（SOEs）的股份。在其他情况下，国有企业只是原封不动地出售给私人竞标者。在一些前社会主义国家，私有化是通过发行"凭证"完成的，所有公民都获得了所有主要国有企业的一定数量的股票，这些股票可以在资本市场上自由交易。凭证私有化使新的后社会主义政府能够迅速实现私有化。

新自由主义观点

国有企业长期低效、浪费、管理不善。

国有企业的长期低效、浪费和管理不善应归咎于其所有权、管理、激励和市场结构的特殊性。国有企业的管理者并不拥有他们经营的企业。而仅仅作为"雇来的帮手"，国有企业管理者没有动力高效地经营企业和提高效率。

私有企业也不能免于"委托代理问题"，因为这些企业的管理者同样很少拥有这些公司。但是私营部门的问题要更为缓和，因为企业的经营效益会受到股东的监督，还必须接受市场激励和竞争的检验。股票期权让管理者拥有了所经营企业的股权，也促使他们更好地经营企业。此外，资本市场的流动性让股东能够通过出售其持有的股票来惩罚业绩不佳的企业。股东出售业绩不佳公司的股票这一威胁可以约束公司的管理者，使其提高经营效率。

私营部门中表现不佳的公司还有可能被其他公司收购（通过所谓的收购机制）。这是由于当股东出售表现不佳的企业股票时，该公司股价就会下跌。在这种情况下，一旦公司被收购，表现不佳的管理团队可能会失去他们的岗位。失业的威胁是对管理者的另一个约束。最后，私营部门的公司必须争夺市场份额。这同样激励管理者高效工作。

与之相反，国有企业的管理者并没有面临这些压力。国有企业没有真正的股东，因为他们甚至很少有股份（因为，事实上，他们不是股份公司）。即使是少数拥有股份的国有企业，通常也不会在股票市场上交易。因此，股东退出的威胁不可能对国有企业管理者产生影响。当然，严格地从事实上讲，社会公众是国有企业的股东，因为他们选举任命作为国有企业管理者的政府。但是这种间接渠道施加给管理者的压力很小。

许多国有企业是特定部门的垄断企业,有时是法律赋予的垄断能力。这种状况加剧了国有企业生产劣质产品、维持高价格和低服务标准的趋势。[①]

大型国有企业部门对发展中经济体造成了损害。

经营国有企业成本高昂,浪费了稀缺的预算资源。这些成本导致发展中国家的预算失衡和通货膨胀(参见章节 11.3)。事实上,许多国家维持国有企业所必需的政府借贷导致了 20 世纪 80 年代的债务危机。

许多案例研究也支持反对国企。例如,世界银行的一份关于国有企业的重要报告开篇就列举了几个引人注目的事实。报告显示,在坦桑尼亚,中央政府对国有企业的补贴分别占中央政府教育和卫生支出的 72% 和 150%。在印度尼西亚,政府工厂每单位产出的水污染是从事相同活动的同规模、同时期的私人工厂的五倍。在埃及、秘鲁、塞内加尔和土耳其,国有企业运营成本仅减少 5%,就会使财政赤字减少约三分之一(世界银行 1995:1—2)。

许多统计研究表明,一国国有企业部门的相对规模与经济增长呈负相关。这些研究表明,国有企业部门规模越大,经济效率越低。因此,国有企业部门规模较大的经济体增长更为缓慢。

最近,大多数发展中国家都开始接受私有企业的优点,并将许多国有企业私有化。

在后殖民主义时期的早期,新主权国家的领导人坚信,国有企

[①] 私有化的理由主要是经济上的。然而,这也是一个具有政治(甚至道德)价值,因为获得和处理私人财产的自由是自由社会的一个核心政治和道德价值。

业将在经济独立和现代化中发挥主导作用。在这个背景下，许多国家将许多前殖民列强拥有的企业没收并国有化，也建立了许多国有企业。

自20世纪80年代开始，许多发展中国家的政策制定者认识到了国有企业的缺点，于是开始积极地大规模私有化。20世纪80年代后期，新的后社会主义领导人接受了私有化。

拒斥新自由主义观点

有很多理由质疑新自由主义观点，即相对于私营部门管理者，国有企业管理者必然表现不佳。

关于私营部门的激励、奖励和监督的优越性的新自由主义主张是站不住脚的。

研究表明，私人公司的管理者们通常是要最大化公司的当前股价（不惜一切代价），特别是如果他们获得了股票期权补偿。但这一管理目标可能并不符合公司或整体经济的长远利益（参见章节4, 9.3, 10）。

在拥抱收购机制的过程中，新自由主义者忽略了这样一个事实，即在美国和英国之外，收购是极少发生的。在许多国家，收购要么是被法律禁止，要么是因为社会习俗而很少发生。此外，收购并不一定会激励私营部门的有效管理。许多研究发现，收购的威胁是美国和英国管理者过度关注当前股价的另一个原因。同样的研究发现，当收购发生时，在收益率和效率方面，新成立的公司很少比老公司表现得更好。

此外，对于众多分散股东来说，在他们持有相对较少股份的私人公司中，几乎不可能监督管理绩效。这里有一个公共物品性质的问题：尽管所有的股东都可以从改善的管理绩效中获益，但是没有一个股东有足够的动机独自监督约束管理层（见章节7注释6，公共物品）。

事实上，与监管私营部门企业相比，监管国有企业可能更容易。一方面，在惩戒犯错的国有企业管理者方面，公众——由纳税人组成，如果国有企业管理不善，他们的贡献将被浪费——至少与私营部门的股东有相同的动机。另一方面，国有企业集中化的经营结构使得监管他们更加容易。在国有企业部门中，一些机构（如公共事业机构或公共控股公司）负责国有企业的绩效。因此，一个集中式的机构要比众多分散的股东更容易监督管理绩效。

一些国有企业确实面临着产品市场的竞争。

新自由主义者经常声称国有企业的效率低下，因为它们垄断经营，所以它们不会面临产品市场上的竞争。但并非所有的国企都占据了垄断地位。在许多国家，国企与私企竞争激烈。[1] 例如，在法国，汽车制造商雷诺在"二战"后被收归国有，直到1996年始终是国有企业，面临着来自私营企业标致公司和外国制造商的直接竞争。[2]

诚然，一些国有企业是法定垄断的。但是，即使是这样的国有企业，也面临着供给部分替代产品和服务的私营企业的竞争。例如，

---

[1] 一些统计研究发现，企业面临的竞争程度（而不是所有权结构）是影响企业绩效的一个重要因素。

[2] 在1996年私有化之后，法国政府仍控制着约45%的有表决权的股份。即使在2002年的一次重大资产剥离之后，法国政府仍是该公司最大的股东（它拥有约35%的有表决权的股份）。

在20世纪80年代，英国国有铁路公司在某些细分市场上面临着来自私营公共汽车公司的激烈竞争。在20世纪80年代末和90年代初，韩国有两家国有电话公司，它们之间竞争激烈。

经验证据并不支持国有企业阻碍经济增长的说法。

新自由主义者经常引用一些轶事和统计研究，这些研究表明国有企业的存在阻碍了经济增长。但经验证据并不能证明这一点。

"二战"后，拥有较大规模国有企业部门的经济体都表现良好。在法国、奥地利、芬兰、挪威和意大利，富有活力的国有企业部门在工业发展中发挥了关键作用。这些国家的国有企业部门是工业化国家中规模最大的部门之一。尽管相关性无法证明因果关系，但值得注意的是，这些经济体在"二战"后的几十年里都取得了令人瞩目的增长。20世纪50年代至80年代，奥地利人均收入年增长率为3.9%，在16个大型发达经济体中位居第二，意大利以3.7%的年增长率位居第四，芬兰排名第五（3.6%），挪威排名第六（3.4%），法国排名第七（3.2%）。①

东亚一些最成功的经济体也有大型国企部门。在这方面，最主要的例子是中国台湾，它拥有发展中国家及地区（除石油生产国外）最大的国有企业部门之一。② 中国台湾是"二战"后世界上增长最快的

---

① 以上数字来源于Maddison 1989。所报告的增长率是1950—1987年间的。在增长联盟中排名前七的另外两个国家是日本（6%）和西德（3.8%），尽管这些国家的国有企业部门并不大，但国家在经济活动中扮演着一个积极的角色。研究中的其他九个经济体，依据增长率降序排列依次是比利时、瑞典、丹麦、荷兰、瑞士、英国、澳大利亚、加拿大和美国。

② 在石油生产国中，无论该国政策制定者的政治倾向如何，国有企业在国民收入中都占据非常大的比例。

经济体。这一令人印象深刻的表现肯定不仅仅是由国有企业造成的,但看起来大型国有企业部门也并没有导致经济体表现不佳(如新自由主义者所认为的那样)。新加坡和韩国也有大型国有企业部门(实际上,韩国的相对规模与印度相当)。尽管存在大型国有企业部门,但这些国家的经济增长仍表现出色。值得注意的是,成立于上世纪70年代初的韩国国有企业浦项钢铁公司(POSCO),仅在成立后10年就成为全球效率最高的生产商。[①]

在非洲,在科特迪瓦和肯尼亚这样的市场导向的成功经济体中,国有企业部门所起到的作用与在社会主义国家坦桑尼亚一样大。总体而言,亚洲成功经济体的国有企业规模大于表现相对较弱的拉丁美洲经济体。

总而言之:事实证明,在国有企业部门的规模与经济增长之间建立明确的因果关系,几乎是不可能的。但是,我们可以有把握地说,没有证据表明大型国企部门必然导致国家表现不佳。

试图比较在相似条件(例如相似的行业、相似的公司规模)下,国有企业和私营企业的经营情况的案例研究也无定论。这些研究往往把注意力集中在国有企业部门表现不佳的国家。这种案例选择方法并没有给我们提供国有企业表现的全貌。

国有企业部门在所有经济体中都占有一席之地。

有些资源应一直属于公共领域,并且应该始终由国家控制。对人类生活至关重要的产品和服务(如水、公共设施、卫生、基础教育

---

① 浦项钢铁公司(POSCO)在最近被私有化了。

和通信）以及关键性的自然资源，应始终由政府控制。发展中国家供水系统的私有化，对这些国家的绝大多数人口来说，是一场不折不扣的灾难。

国有企业通常是应对所谓自然垄断的最佳方法。自然垄断通常发生在需要大规模投资的情况下，这个规模大到当只有一家公司在特定市场上经营时才有经济意义。公用事业（如配电）是自然垄断的一个例子。

即使在没有自然垄断的行业，因为成本和管理前提，国有企业往往也是唯一能够承担大规模项目的组织。在许多发展中国家尤为如此，那里财政资源稀缺，私营部门的企业家有时极度厌恶风险。在建立大型国企之前，法国、奥地利和中国台湾的情况就是如此。"二战"前，这些国家的私人企业特别厌恶风险。但随着"二战"后许多关键产业被国有化，这些国家的政府为国有企业配备了充满活力和前瞻性的管理人员。国有企业在工业现代化中发挥了核心作用。

国有企业往往能更好地考虑外部性，因为它们可以不只关注利润率（参见章节7注释6，外部性）。在某些情况下，由于政府对国有企业管理的影响，政府可能更容易确保国有企业解决社会目标（如地区收入差距）。

在某些情况下，私有化当然是恰当的，但其实现过程可能代价高昂、难以管理。

政策制定者在制定私有化方案（这些方案是恰当的）时，应该考虑这样几个因素。通常情况下，政府寻求出售最不盈利的国有企业，而私营部门则寻求购买盈利能力最强的国有企业。为了让企业对表现不佳的国有企业产生兴趣，政府通常不得不加大投资。如果这些努力都取得成功，那么国有企业为什么还要被出售呢？

通常情况下，在股票市场上出售一家国有企业需要耗费相当多的资金和时间。国有企业的估值和其在股票市场上的发行，可能给政府资金带来重大负担。当该国没有运转良好的股票市场（在这种情况下，股票必须在海外市场上市）时，这个事情就特别复杂。此外，某些国内资源的外资所有权本身可能就是一个问题。

许多政府开始将私有化作为增加收入的一种手段。但研究表明，私有化并不是通常所认为的对政府预算有好处（参见章节11.3）。国有企业经常以低价出售给外国投资者或国内"内部人士"。这些交易有时伴随着相当多的腐败。

替代性政策

各国政府应仔细考虑私有化的经济原理。

发展中国家的许多国有企业表现良好。它们不应该被私有化。许多国家政府通过私有化来表明它们致力于更广泛的市场改革，或解决短中期的预算不足问题。前一个目标可以通过其他方式实现，但在任何情况下，其合法性都值得怀疑。尽管存在大型国有企业部门，但一些国家已被证明相当擅长吸引国外投资。后一个解决预算缺口的目标可以通过财政改革更有效地实现（参见章节11.3）。

各国政府还应考虑私有化的成本。

如上所述，实施私有化方案代价高昂。另外，还有分配、政治和社会成本方面的问题，尤其还要关注社会中的弱势群体。至少，这些成本表明，政府有义务向因私有化而受到损失的弱势群体做出重大转移支付。对私有化成本的全面评估，可能会使许多政府推行私有化改革的积极性大大降低。

除了私有化，还有许多方法可以改善国有企业的业绩。

首先是组织改革。很多时候，国有企业承担着太多的服务目标（如社会目标、工业化和提供基本服务），并且每个目标的相对重要性并不清楚。这些模糊性可能导致管理失去重点，效率也因此受到影响。解决方法是显而易见的：政府应明确国有企业的任务，并要求管理层对明确的任务负责。

组织改革的另一个重要因素是提高信息质量和国有企业绩效监管。在许多国家，监督机构缺乏监督国企绩效所需的信息和技术（例如在某些国家，国企甚至不编制资产负债表）。改善信息流动、提高监督能力是国企改革的一个重要目标。

还有必要对国有企业经营的激励和监督制度进行一些改革。应该设计一套明确的激励机制，奖励提高效率、生产率和消费者满意度的管理者和员工。成立一个专门负责国有企业监管的、人员配备充足且有能力的机构，也可以改善监管。在纸面上，如今许多国有企业受到多个机构的监督；而实际上，这可能意味着他们没有受到任何机构的监督。整合监督责任可以提高其效率，也可以在监督不充分时明确向谁追责。相同的观点也适用于国有企业本身。有些情况下，可以通过合并重复的国有企业来提高业绩。

某些类型的竞争可能有利于改善国有企业的业绩。特别是，一些国有企业在相关（但不重复）竞争者被私有化后表现良好。就像韩国通信行业(见上文)一样,国有企业之间的竞争也是有益的。

在某些情况下,政治改革可能是改善国有企业业绩的最佳途径。在一些国家,国有企业被用来在特定地区或为特定群体创造就业和收入。例如,国有企业被用来促进意大利南部贫困地区的就业,并在种族隔离时期被用来为南非的白人创造就业机会。国有企业并不是处理这些需要政治来解决的问题的最佳方法。例如,在意大利南部的例子中,将财富从该国北部转移到南方的机制可能是解决南方欠发达问题的更有效和恰当的手段。

8.2 知识产权

术语

知识产权(IPRs)是对智力成果的权利,被编纂规范化为专利、版权和商标。

新自由主义观点

知识产权对投资和经济增长至关重要。

知识产权和其他类型的产权一样。如果没有知识产权保护,投资者就没有动力冒风险将资源投入新想法或新产品。例如,一家制药公司只有在能独自享有新药品销售利润的情况下,才会有投资开发新药品的动力。同样地,如果耐克公司的商标没有得到保护,消费者也会不愿意为其支付高昂的价格。如果没有商标保护,消费者就无法确定他们是否购买了假冒商品。

在工业化国家的发展过程中,专利和其他知识产权对创新和投资十分重要。18世纪,专利法在美国、英国和法国得以实施,正是因为各国政府认识到这种保护对新知识、新发明的产生以及技术进步都具有重要意义。在19世纪中叶,出于同样的原因,几乎所有其他欧洲和北美国家都采用了专利法。正如美国美洲自由贸易国家法律中心所说:"工业化国家(从发展中国家发展成工业化国家)的历史记录表明,(知识产权)保护一直是经济发展、出口增长,以及新技术、艺术和文化传播的最强大的工具之一。"(1997:1)

世界贸易组织加强了对知识产权的保护。与普遍观点相反,这将使发展中国家受益。

直到最近,发展中国家还经常忽视专利和其他知识产权,尽管国家法律对这些问题进行了规定和管理。例如,印度的制药公司生产廉价的西药仿制品,这些西药最初的开发成本是非常昂贵的。韩国企业生产山寨奢侈品,如Gucci包,使该品牌地位下降。

如今,发展中国家对知识产权的保护程度必须达到与工业化国家一样的水平。根据世界贸易组织与贸易有关的知识产权(TRIPS)协定,许多国家必须将专利扩大到以前未受保护的领域,例如医药产品(而不是制药工艺,这已经在许多发展中国家受到保护)。在TRIPS协定下,许多发展中国家被要求将专利期限延长至20年。TRIPS协定允许那些因知识产权被侵犯而受到损害的国家对侵权国家实施贸易制裁。

许多发展中国家政府反对TRIPS协定,这是目光短浅的。诚然，发展中国家现在必须支付大量的专利使用费才能获得专利许可，但知识产权保护带来的大量中长期收益远远超过为TRIPS支付的经济成本。第一，知识产权保护能够鼓励创新和吸引外国投资。第二，TRIPS的实施使发展中国家更容易获得先进技术和产品。这是因为发明家和投资者不再担心他们会因为知识产权被侵犯而损失其合法利润。第三，工业化国家的企业将更愿意为发展中国家创造专门的产品和技术（例如专门应对热带疾病的药物），因为现在他们不再害怕知识产权被侵犯。

拒斥新自由主义观点

保护私人知识产权并非在所有情况下都是产生新知识的先决条件。

在转向其他问题之前，我们首先考虑新自由主义观点中知识产权的确切含义。对于新自由主义者来说，只有私人行为者才会享有知识产权。换句话说，新自由主义者认为，作为法人的个人或公司应该被赋予有关智力创意的产权。他们认为，如果个人或公司没有获得货币利润的可能性，那么创新、投资和技术进步将失去动力。新自由主义的知识产权概念中遗漏了一种可能性，即"社会利润"或社会福利可以作为创新的动力，或者政府应该拥有知识产权。

很多情况下，创意想法都是在没有考虑货币收益的情况下产生的。在这种情况下，我们可以考虑公众或公共财产权的概念。这种公共财产权的一个例子出现在互联网上可用的开放软件程序（有时称为免费软件）中。开放软件背后的原理很简单：免费与公众分享；用户可以对其进行改进；期望用户能与公众分享改进后的软件。唯一的附加条件是任何人不能利用软件获取商业利益。从新自由主义的角度来看,开放软件是不合逻辑的,因为它涉及除了货币收益之外的大量的智力想法投资。

在这方面,值得注意的是,19世纪许多杰出思想家为智力想法的公共所有权辩护。美国第一任国务卿、美国第三任总统托马斯·杰斐逊(Thomas Jefferson)认为,思想就"像空气一样",不应为个人所有。[①]同样是在19世纪,许多提倡自由贸易的经济学家也主张取消专利,因为他们会造成一种垄断。

与许多新自由主义者的观点相反,我们发现知识产权所带来的货币奖励并不是追求知识和创新的唯一动机。有些人为了自身利益或公众利益而追求知识。这一点在最近出版的一封TRIPS的公开信中得到有力的阐述,这封公开信是由13位英国皇家学会杰出的科学家签署的。他们写道:"专利只是促进发现和发明的一种手段。对科学的好奇心,再加上造福人类的愿望,在整个历史中都具有更大的重要性。"(英国金融时报,2001年2月14日:20)

新自由主义者没有认识到,在许多行业中,私人知识产权对于创造新知识并不是必不可少的。在许多行业中,新技术不易被复制。这意味着创新者在新技术上有着近似垄断的地位。正是在这个基础上,经济学家(前奥地利财政部长)约瑟夫·熊彼特(Joseph Schumpeter)阐述了他的创新理论。他认为,资本主义制度为创新提供了动力,因为个人可以在一个阶段的垄断中获得创新的回报。熊彼

[①] 不幸的是,他不相信人们像喜欢拥有奴隶一样喜欢空气。

特没有设想到需要用专利来创造一个发明者拥有垄断地位的时代。

在创新者的技术很容易被复制的情况下,存在进行某种类型专利保护的理由。化学、制药和软件行业是新技术容易被复制的行业。出于这个原因,这些行业在捍卫专利权方面最为激进。但对某些专利权人的权利的保护,并不意味着企业在TRIPS协定下要求的明确保护是恰当的。

有时,专利的用途或合法性是可疑的。

许多反对专利制度的人认为,专利制度鼓励了"赢家通吃"的心态,使得竞争对手竞相在一些领域寻找下一个重大发现。在这种类型的竞争中,必然会有大量重复的努力和投资。这种重复是对资源的浪费。资源也被浪费在回避现有专利,而不是创造新知识上。他们还认为,专利制度与技术进步的累积性、互动性是存在矛盾的。在这一点上,一群批评人士指出,对一项关键创新的过度保护可能会阻碍竞争对手进行有益于社会的创新(Levin etc., 1987:788)。最后,批评家们对给予所有发明同等长度的保护期限的做法提出了质疑,在大多数国家,这种保护期限长达17至20年。

如今,越来越多的人关注将专利授予依赖于公共基金研究活动产生的发明的问题。抗艾滋病药物AZT的故事说明了这个问题(Palast 2000)。AZT是1964年由一名美国研究员发明的,研究资金来自美国国家卫生研究院(NIH)的资助。随后,英国医药公司葛兰素史克购买了这种药物,用来医治宠物猫。当艾滋病流行时,NIH进行了一项研究,证明AZT对HIV病毒具有效性。在NIH强烈反对的情况下,葛兰素史克还是立即申请了AZT的专利。如今,葛兰素史克在AZT的销售上获得了巨大的利润。

关于专利的最后一个担忧是,它们现在可能会阻碍知识的进步。随着越来越多微小的知识变得适合申请专利(例如,小到基因层面的),科学进步的步伐将因行政和财务原因而放缓。被称为黄金大米(通过基因工程将贝塔胡萝卜素插入其中的大米)的例子说明了这一困境。黄金大米有潜力为世界上数百万人提供营养。开创黄金大米技术的两名研究人员说,他们把黄金大米出售给了一家跨国公司,因为他们为进一步发展黄金大米需要使用70—105项专利技术,但在关于这些专利技术的谈判中遇到了困难。[1]

专利对工业化国家的发展并不重要。

历史记录表明,工业化国家直到工业化进程完成后才承认或实施专利。瑞士在1888年推出了一项保护机械发明的专利法,但是直到1907年才出台一项全面的专利法(Schiff 1971)。荷兰于1817年首次推出一项专利法,但却在1869年废除了它,因为该专利法被认为带来了垄断,这与该国对自由贸易和自由市场的承诺是不一致的(Schiff 1971)。直到1912年,荷兰才重新引入专利法。有趣的是,19世纪最致力于自由贸易和自由市场的经济学家们因为对垄断的争论而拒绝了专利(Machlup and Penrose 1951)。

其他工业化国家是在19世纪中期有了专利法。但直到20世纪,这些法律还远远没有达到现在TRIPS协定要求发展中国家达到的严格标准。例如,在19世纪,许多国家对从国外进口的发明授予

---

[1] 一些关于黄金大米故事的分析人士对专利数字提出了质疑(RAFI 2000)。

专利,并且在颁发专利之前一般不检查原创性。直到20世纪70年代,日本、瑞士和意大利才承认化学和药物药品(与制造它们的过程相反)的专利。加拿大和西班牙直到20世纪90年代初才承认这类专利。直到最近,印度才对化学和药物药品的专利采取了同样的做法。

有证据表明,发展中国家尚未从TRIPS中获得任何回报。

我们没有理由期望仅仅依靠TRIPS本身就能刺激发展中国家做出更大创新。发展中国家还不具备很多有关创新的先决条件(例如高水平的技术和科学教育)。

很少有证据证明,TRIPS鼓励从工业化国家向发展中国家进行技术转移。事实上,TRIPS更有可能减少技术转移和创新。这是因为TRIPS使发展中国家更难通过逆向工程或其他非正规的技术转让途径(包括对技术进行微小修改或开发生产专利产品的替代工艺)来适应或模仿先进技术。从历史上看,非正式技术转让在发展中国家发挥了重要作用。不幸的是,新的TRIPS制度在很大程度上阻塞了这条道路。

最后,几乎没有证据证明知识产权保护会在外商直接投资(FDI)决策中发挥任何作用(参见章节9.4)。事实上,瑞士的经验恰恰相反:专利法的缺失使该国对外国投资者更有吸引力(Schiff 1971)。加拿大和意大利的外商直接投资的历史也说明了同样的情况(UNDP 1999:73)。一些分析人士也指出,专利常常是外商直接投资的替代品(而不是先决条件)(Vaitsos 1972)。

对发展中国家来说,TRIPS成本高昂。

第一，发展中国家最直接的TRIPS成本是，现在必须向工业化国家的企业支付高额的特许权使用费。这些特许权使用费义务需要外汇储备，而对于发展中国家来说，外汇储备如此稀缺，国家在其他很多方面都需要外汇储备，专利特许权使用费的出现加剧了外汇使用的竞争。

第二，TRIPS增加了跨国公司对消费者的影响力。TRIPS使跨国公司更有可能从事垄断行为，例如垄断定价。这就存在问题，因为发展中国家的反托拉斯法往往不健全（有时不存在），和（或）执法能力薄弱，尤其是与外国跨国公司有关的方面。

第三，一个完善的知识产权保护制度需要大量资金、许多资深的国际专利律师和其他技术顾问。当一个国家卷入世贸组织与贸易有关的知识产权争端时，这一点尤为明显。发展中国家稀缺的资源和人员还有许多更紧迫和更具社会重要性的用途。

第四，TRIPS使工业化国家的公司能够为许多自然过程和资源申请专利，这些自然过程和资源在发展中国家一直是现成的和未申请专利的。这主要是由于工业化国家的企业有能力重新包装产品和资源（甚至是最微小的，例如微生物和生物过程），这些产品和资源长期以来都是发展中国家传统知识体系的一部分。如今，发展中国家要向外国公司支付之前一直在其国内生产和供应的物质的使用费。例如，一家美国公司被禁止获得一项有关香料姜黄的药用专利，因为这一用途在印度已有几千年历史，印度政府知道该公司的企图后将其告上法庭。

第五，TRIPS阻碍了某些形式的创新和技术进步。TRIPS减少了发展中国家渐进性创新的机会。

提供强大的知识产权保护不符合发展中国家的经济利益。

在促进创新和技术进步方面,知识产权远没有新自由主义者所说的那么重要。因此,仅维持对知识产权的微弱保护,符合发展中国家的经济利益。实际上,少数几个知识产权在创新中发挥一定作用的行业中,大多数发展中国家尚未达到用知识产权作为促进新技术发展的地步。在这一点上,大多数发展中国家是新技术的使用者而不是创造者。

专利和公共利益——艾滋病药物争端的例证。

最近,关于TRIPS的争论非常激烈。这涉及工业化国家与发展中国家(主要是泰国、巴西、印度和阿根廷)的制药公司之间的争端。后者试图向其他发展中国家,特别是撒哈拉以南的非洲国家出口廉价的艾滋病药物。

即使是销售给极度贫穷的国家,工业化国家的制药公司也会以超过这些药品生产成本20倍的价格进行销售。在公众对他们的定价行为提出批评之后,一些制药公司决定为极度贫穷的国家的艾滋病药物提供折扣。这些公司明确表示,他们提供折扣是出于慈善考虑,而不是出于对知识产权立场的改变。我们知道,后者是真的,因为这些公司都是41家制药企业联盟的一部分,该联盟在2001年3月将南非政府告上法庭,理由是为了公共卫生和健康,南非的专利法赋予了政府太多的权力,甚至超过了专利人的权力。这些公司声称,南非政府为了公共卫生健康利益而强制许可和平行进口的政策是违反宪法的。幸运的是,倡导团体的有效斗争以及公众的强烈愤慨,迫使制药公司撤回诉讼,以换取南非政府承诺尽量减少使用强制许可。

制药公司辩解称,与食品公司通过提供食品补贴来控制营养不良相比,他们没有更大的义务通过提供药品补贴来满足公众利益(Pilling 2001)。这一观点没有说服力,因为制药行业从社会认可的垄断(即专利)中获得了很大一部分利润,而食品行业在这方面没有任何可比性。此外,制药行业的许多研究实际上是由公共部门或私人慈善机构资助的。因此,该行业对公众负有特殊的义务,这使其与其他行业截然不同。

总而言之:过度关注专利权人的权利,而牺牲了更广泛的人权和公共健康,会导致不正当的结果。在发生公共卫生危机的情况下,我们有充分的理由削弱专利权人的权利。工业化国家的政府就曾以公共利益的名义而削弱专利。值得注意的是,在2001年秋季炭疽热恐慌期间,加拿大政府推翻了拜耳公司关于Cipro药物的专利。美国政府也威胁要采取类似行动,从而获得了相同药物50%的折扣。

替代性政策

在发展中国家加强知识产权保护带来的经济利益很少。

相对薄弱的知识产权保护符合发展中国家的利益。知识产权的替代性政策可以采取两条路径:利用现有知识产权制度中的空白处,以挑战现有制度本身。

在促进发展中国家创新方面,与保护知识产权相比,教育和政府有针对性地支持应用研究更为重要。

比知识产权保护更重要的是通过其他手段促进发展中国家的创新和技术进步。促进创新的努力应与产业政策目标紧密相连（参见章节7.2）。这些目标可以通过政府对教育的支持以及其他可能刺激目标研究的举措来实现。此外，一些对现有教育支出的重新分配可以为这些举措腾出大量资源。政府也可以支持某些类型的高等教育（甚至是国外教育），以换取一段公共服务期。[①] 政府可以免除一部分教育贷款，换取一段公共服务期。

政府可以利用外商直接投资作为促进技术和知识转让、刺激国内研究人员创新的战略手段。

针对外商直接投资的战略政策也可以促进国内研究人员的技术转让和创新。如果政府以吸引某些类型的投资为目标，并根据这一目标制定经营协议，那么外商直接投资可以成为一种技术转让的手段（参见章节9.4）。还可以设想战略性地利用外商直接投资，在发展中国家和工业化国家的研究人员之间建立伙伴关系。事实上，一些政府可能会就外商直接投资协议中的研究伙伴关系进行谈判。他们还可以为争取本国公民有机会在公司研究总部实习进行谈判。对于那些缺乏训练有素的研究人员的国家来说，这种策略可能特别有用。

发展中国家的政府应该只在少数几个行业推行专利，在这些行业中，专利在新知识的产生中发挥重要作用。

---

① 执行落实至关重要。因为很多国家都有这类项目，但并没有敦促受资助者在完成教育后履行对国家的义务。

正如我们所看到的，专利可以促进一些行业的创新，比如制药、化工和软件行业。在这些有限的情况下，各国政府可以根据国内现有的研发能力采取两种战略之一。

在拥有一定现有研发能力的国家，政府可以向那些为其工作申请专利的公司和大学研究人员提供资金和行政援助。这种援助可能与以某种方式促进产业目标的实现有关（参见章节7.2）。然后，政府可能会与其所资助的研究人员分享专利收益。政府也可以充当某些类型研究的信息交换所。它可能会为了战略目的，而将研究人员聚集在一起，或宣传尚未获得专利的研究的潜在应用。

在现有研发能力极低甚至根本没有研发能力的国家，政府可以组织和资助外部研究人员，以确定传统知识和当地资源的哪些方面可以申请专利。国家或地方政府、地方社区组织或政府-私营部门合作伙伴可以通过这种方法获得专利。

发展中国家政府可以利用现有的TRIPS协议中的条款来推翻某些专利。

发展中国家在获得艾滋病药物优惠方面的成功（见上文），表明这种策略可以用于其他TRIPS协议。如果发展中国家施压，外国公司可能会出于公共关系的原因而给予TRIPS之外的许可。有必要在现有的TRIPS协议中对涉及公众利益的条款施加压力。发展中国家可以集体应对TRIPS的挑战，以便最大限度地发挥影响力，分担推进案件的成本。

现行的TRIPS协定规定了一个宽限期，在此期间，发展中国家将逐步采取在工业化国家普遍采用的知识产权保护措施。对大多数发展中国家来说，这一宽限期已到期，其中最贫穷的国家将于2005年到期。令人振奋的是，在有关艾滋病药物的争端之后，许多TRIPS的支持者建议延长这一宽限期。至关重要的是，发展中国家必须加紧争取获得更长和更灵活的TRIPS宽限期。

TRIPS制度应该受到挑战。

最后，是时候要求重新考虑整个TRIPS制度了。TRIPS的淡化和豁免条件的扩大是TRIPS新方案中特别有价值的方向。目前，就重塑TRIPS制度采取集体行动是非常必要的。

9. 替代性政策 3：国际私人资本流动

9.1 一般分析

术语

国际资本流动包括公共和私人资本流动。公共流动是政府之间的资本转移。它可以采取双边流动的形式，例如一国政府向另一国政府提供援助或贷款；或采取多边流动的形式，例如国际货币基金组织、世界银行、亚洲开发银行和美洲开发银行等多边机构提供的贷款。

国际私人资本流动主要包括三种类型：外国银行贷款、证券投资（PI）和外商直接投资（FDI）。[①] 外国银行贷款是指商业银行或多

---

① 另一类国际私人资本流动是私人汇款。私人汇款是指个人之间的国际资源转移。最常见的汇款类型是在国外工作的家庭成员将资金（即工资汇款）汇给原籍国的家庭成员。后面的讨论并没有涉及汇款问题，因为新自由主义者没有在这个领域提供政策建议（因此我们不提供汇款政策的替代方案）。请注意，对于一些较小的发展中国家，例如中美洲和加勒比地区，汇款是最大的单一外汇来源。世界银行（2003年）报告称，在发展中国家的总体外部融资中，工人汇款的重要性仅次于外商直接投资，排在第二位。

9. 替代性政策3：国际私人资本流动　127

边机构（如国际货币基金组织和世界银行）向国内公共或私人部门借款人发放的贷款。证券投资是指购买非买方所在国的私人部门发行的股票、债券、衍生品和其他金融工具。就债券而言，这些债券也可以由政府发行并由私人投资者购买。外商直接投资是指购买非投资者所在国的企业的"控股权"（定义为至少10%的资产）。外商直接投资可分为两种方式："绿地"投资（"greenfield" investment），即建立新的设施——例如，外国投资者兴建工厂；或"褐地"投资（"brownfield" investment），即兼并和收购现有国内公司资产。跨境购买房地产也被归类为外商直接投资。

经验趋势

20世纪90年代流向发展中国家的国际资本构成发生了剧烈变化。

20世纪90年代，流向发展中国家的资本发生了明显变化。一方面，由于政治情绪的变化，外国援助的流动停滞不前。[①] 另一方面，私人资本流动的构成也发生了变化。历史上，商业银行的国外贷款是流向发展中国家的最重要的私人资本类型。但在20世纪90年代，商业银行减少了这种贷款。贷款的减少源于两方面原因。其一，在20世纪80年代的"债务危机"之后，商业银行对向发展中国家贷款变得谨小慎微（尽管最大的几家银行能够通过各种公共融资的举措将这些贷款的成本转嫁出去）。其二，银行还发现，20世纪90年代

---

① 然而，在2001年9月11日的事件之后，具有重要战略意义的发展中国家，如土耳其和巴基斯坦，从美国获得了大量外援。

金融自由化环境中的投机机会远比放贷更吸引人。20世纪90年代，向发展中国家提供的国外贷款和援助的减少提高了吸引外商直接投资和证券投资的重要性，这两项的流动在这个时期都有显著增长。

下列数据说明了流向发展中国家的国际私人资本构成的根本性变化（世界银行，不同年份）。[①] 向发展中国家提供的长期银行贷款的净流量（包括债券，不包括由国际货币基金组织提供的贷款）在1970年为70亿美元，1980年为653亿美元，1990年为431亿美元，2000年为51亿美元，2002年为负90亿美元。[②] 直到20世纪90年代，流向发展中国家的外商直接投资净额和证券投资净额还很少，但此后迅速增长。例如，1970年发展中国家的外商直接投资净额为22亿美元，1980年为44亿美元，1990年为241亿美元，2000年为1606亿美元，2002年为1430亿美元。20世纪90年代，证券投资净额也大幅增长：在1970年和1980年该值为0，1990年为37亿美元，2000年为260亿美元，2002年为94亿美元。后一组数据显示出巨大的波动性——这是我们在下面将要回归的一个因素。

尽管发展中国家的证券投资和外商直接投资有所增长，但它们在全球流量中所占的份额相当小，全球流量仍然高度集中在大型、中等收入国家。

上述总体数据说明了20世纪90年代流向发展中国家的国际私人资本构成的关键变化。但是，这些数据并没有揭示两个重要的事

[①] 请注意，所提供的数据是为了说明问题。由于缺乏有关所有国际私人资本流动的一致性的年度数据，所以无法计算期间平均数。

[②] 2002年的负数表明，对外国贷款方的付款超过了向发展中国家提供的新贷款。

实。首先,发展中国家在全球私人资本流动中所占的比例很小。即使从1990年起,流向发展中国家的全球证券投资流量的份额仍然相当低。1991年,发展中国家的全球证券投资流量仅为9.7%,1994年为9.0%,1998年为6.2%,2000年为5.5%。[①]其次,私人资本流动高度集中于少数的中等收入国家、大型发展中国家。世界银行(2003年)报告称,过去13年来,排名前八位的发展中国家占流向发展中国家的证券投资总净额的84%。与外商直接投资一样,证券投资的最大净接受国是中国,自1989年以来中国吸引了发展中国家总额的22%。排在中国之后的是墨西哥、巴西、南非、印度、泰国、马来西亚和捷克共和国。相比之下,在流向发展中国家的证券投资流量中,最贫穷的国家几乎没有流量。2002年,除印度之外的南亚国家(占发展中国家总数的9.5%)和除南非以外的撒哈拉以南非洲国家(7.4%)没有净证券投资。

外商直接投资的情况比较明朗:1991年发展中国家获得全球外商直接投资的22.3%,1994年为35.2%,1998年为25.9%,2000年为15.9%。流向发展中国家的外商直接投资高度集中在大约十个大型、中等收入国家。在1992至2001年期间,外商直接投资流量前十的国家(按重要性降序排序)是中国、巴西、墨西哥、阿根廷、波兰、智利、马来西亚、泰国、捷克共和国和委内瑞拉。在2002年流向发展中国家的外商直接投资中,这十个国家占比70%。相比之下,低收入发展中国家获得的私人资本流量很小。(世界银行将低收入国家

[①] 本段和下一段中的所有数据均来自世界银行(不同年份)。

定义为2001年人均国民总收入在745美元及以下的国家）。1970年低收入发展中国家的外商直接投资净额仅为3亿美元，1980年为2亿美元，1990年为22亿美元，2000年为97亿美元，2002年为70亿美元；他们在1970年和1980年没有获得证券投资，1990年为4亿美元，2000年为26亿美元，2001年为25亿美元。

尽管资本流动分配不均衡，而且全球资本流动中真正属于发展中国家的比例很小，但新自由主义者坚持认为，政策必须通过建立开放、自由化的市场（以及其他改革）来吸引这些流动。在本章第9.2、9.3和9.4节中，我们讨论了新自由主义者关于每种类型的国际私人资本流动所提出的具体主张和政策。在此之前，让我们回顾一下新自由主义关于自由的资本流动有利于发展的一般观点。

新自由主义观点

自由的国际私人资本流动有许多经济利益。

开放的资本市场让发展中国家的公众和私人部门能够获得国外的资本和其他资源（如技术）。由于低收入、低储蓄和/或资本外逃，国内没有产生足够的资本和其他资源。因此，新自由主义者认为，私人资本流入的增加将通过增加国家的资本存量、生产力和收入开启良性循环。政府债券出售给外国投资者增加了可用于公共开支的资源，因为由于征税不足和对政府预算的大量需求，这些资金相当缺乏。

国际私人资本流动还可以提高发展中国家的效率和政策的严格性。吸引私人资本流动的需求和应对资本外逃的威胁（国内和/或外国投资者）是政府和企业维持政策设计、宏观经济绩效和公司治理的国际标准的强大动力。例如，寻求吸引私人资本流动的政府将更有可能实行反通货膨胀的经济政策（见第11.2章和第11.3章）和反腐措施，因为投资者对价格的稳定性、透明度和法治高度重视。

此外，国际私人资本流动的自由化意味着这些流量将由市场而不是由政府分配。分配机制的这种转变提高了效率，并确保将资金直接用于对社会福利做出最大净贡献的项目。当然，这些项目将是回报率最高的项目。

基于以上种种原因，资本流动的自由化对于促进发展中国家，特别是其在投资、收入和经济增长方面良好的经济表现，至关重要。事实上，如果没有1997至1998年的亚洲金融危机的干预，国际货币基金组织准备修改其协议条款，以便将所有国际私人资本流动的自由化成为该组织的中心目标，并将其管辖权扩大到资本流动。

尽管对于高流动性的国际资本流动的自由化，我们应谨慎行事，但最终的目标仍然应是完全的资本账户自由化。

越来越多的评论家认为，只有在其他经济部门（如工业部门）成功自由化、实现了最低限度的金融发展和/或发展了足够的制度和监管能力之后，才应该进行某些类型的资本流动的自由化。这就是所谓的"排序"（sequencing）论点。然而，这并不是一个被普遍接受的观点。许多见多识广的观察家反对排序和临时资本管制的理由是：它们带来的问题（比如腐败、改革惯性、增长缓慢、高资本成本）远比全面经济自由化带来的金融不稳定更为严重。

在金融危机之后，排序论的提倡者通常会发现他们的论据得到加强,因为这些危机被视为过早的金融自由化的结果。值得注意的是,在亚洲危机之后,一些研究(甚至一些国际货币基金组织的工作人员)已经承认,对国际资本流动的某些类型的控制可以防止发展中国家出现过度的金融波动,前提是这些控制是暂时的,经济的其他部分是自由化的(Prasad etc. 2003,Kuczynski and Williamson 2003)。

重要的是要认识到,即使在排序论的倡导者中,毫无疑问的一点是,完全自由化仍然是所有发展中国家的最终目标。

拒斥新自由主义观点

有许多严重的一般性问题与不受约束的国际私人资本流动有关。

所有国际私人资本流动都与下列问题有关——虽然程度不同,手段也不同。在由市场决定(称为"浮动")汇率的制度下,突然大量的资本流入可能对本币产生升值压力(见第9.3节和第11.1章)。本国货币的大幅升值会造成问题,因为它会导致进口增加(对国内消费者来说,消费价格下降),出口下降(对其他国家的消费者来说,消费价格上升)从而损害国家的国际收支状况。私人资本流动也增加了国内外投资者对国内政策的制定产生不当影响的可能性(因为资本流动取决于投资者对经济和政策环境吸引力的判断),并增加了外国对国内资源过度控制或拥有的可能性。

当然,资本流入的反面是资本流出的可能性(例如,向外国投资者支付股息,向外国贷款机构支付利息以及股票投资组合的清算)。突然出现的大规模资本外流(称为"资本外逃"(capital flight))可能会对本国货币造成贬值压力（见下文第9.3节和第11.1章）。资本外逃通常会导致额外的外逃和货币贬值、偿债困难和股票（或其他资产）价值下降的恶性循环。这是因为恐慌的投资者倾向于集体出售他们的资产，以避免因预期的未来货币或资产价值贬值而带来的新资本损失。以这种方式，资本外逃引入或加剧了现有的宏观经济脆弱性和金融不稳定性。这可能导致金融危机，一个严重影响经济绩效和生活水平的事件（特别是对穷人而言），往往为国内决策提供了一个不必要的外来影响的渠道。最后，市场至少与政府一样，倾向于以低效、浪费或不利于发展的方式配置国际资本流动（如下所示）。

国际资本流动自由化的理由没有证据支持。

最近许多的跨国的和历史的研究都证实，资本流动自由化与发展中国家的通货膨胀、经济增长或投资表现之间没有可信的基于经验的关系（例如：Eichengreen 2001; Rodrik 1998）。此外，现在有大量明确的经验证据表明，国际私人资本流动的自由化引发和/或加剧了发展中国家的重大问题。例如，许多研究发现金融自由化与银行、货币和金融危机密切相关（Demirguc-Kunt and Detragiache 1998; Weller 2001）。其他研究表明，自由化与贫困和不平等的增加有关（Weller and Hersh 2002）。

许多国家的证据表明，在发展进程的关键时期，精心设计的资本管制发挥了重要作用。

资本管制指的是管理资本流动的数量、构成或分配，以及维护对投资者进入或退出机会的限制的措施。几乎所有的工业化国家都长期成功地利用了资本管制。例如,欧洲大陆国家在第二次世界大战后的经济重建期间采取了广泛的资本管制措施。就连美国——可以说是自由资本流动的发源地,也是一个其金融体系从世界各地的资本外逃中获得重要利益的国家——在1963年也采取了临时资本管制,因为这是由经济环境决定的。

资本管制在日本和韩国的高速增长时期发挥了至关重要的作用,巴西在20世纪50年代和60年代成功地实行了资本管制。智利和哥伦比亚在20世纪90年代成功地实行资本管制。马来西亚政府在1994年和1998年成功地实行了严格的资本管制。尽管资本管制已经不受青睐(由于新自由主义观点的霸权),但一些经济上成功的国家,如中国和印度,仍在各种投资和金融活动中继续采取广泛的管制措施。在这些经验中,只有智利和哥伦比亚的资本管制是新自由主义者们在很大程度上持正面态度的(见下文)。

资本管制有可能实现决策者高度重视的众多目标。

在本章和下一章中,我们将从各个国家提供的证据表明,精心设计的对各类国内外资本流动的控制能够实现重要目标。首先,资本管制可以促进金融稳定,防止与经济危机有关的经济和社会破坏。其次,资本管制可促进理想的投资和融资安排(即长期、稳定和可持续的投资/融资,创造就业机会,提高生活水平,促进收入平等,并鼓励技术转让和在干中学),并阻止较不理想的投资/融资策略。第三,资本管制可以减少投机者和各种外国行为者对国内决策和/或国家资源控制施加不当影响的可能性,从而加强民主和民族自治。

替代性政策

国际资本流动应通过资本管制来管理。

资本管制应针对不同经济体所面临的特定弱点。它们可以或多或少地长期维持，也可以根据经济条件启动。历史上，前一种控制类型更为普遍。

在一个由弱点启动的控制系统下，资本管制只在经济指标显示有必要的情况下才会使用。在格拉贝尔（Grabel, 2003a, 2004）提出的方法中，只要有关经济的信息表明有必要采取控制措施，以防止新兴的宏观经济弱点在严重困难甚至危机中达到顶峰，那么透明的资本管制就会启动。这种方法中设想了两种工具："绊线"（trip wires）与"减速带"（speed bumps）。绊线是警告决策者和投资者的一个简单的措施，即一个国家在各个领域都面临着高度的风险（例如货币崩溃、外国贷方或投资者的外逃、脆弱的融资战略的出现等）。一旦绊线预测了某一特定弱点的出现，决策者将立即采取措施，通过启动一个有针对性的、渐进的资本管制机制或我们所称的减速带来降低这种风险。

处于不同财富水平的发展中国家需要不同的绊线门槛。绊线必须对风险环境的细微变化适当敏感并可调整。敏感的绊线将允许决策者在投资者恐慌的情况出现之前，在风险加剧的早期迹象中，启动渐进的减速带。下文第9.2节和第9.3节分别讨论了外国银行借款和证券投资的具体绊线和减速带。资本管制的绊线—减速带方法背后的主要理由是，在不可持续的融资和投资模式最终演变成严重经济困境之前，可以减缓它们的速度。

9.2　外国银行借款

新自由主义观点

外国银行贷款带来许多宏观和微观经济效益。

外国银行贷款提供的资源补充了国内银行和储户提供的资金池。因此,外国银行贷款提供了机会,使投资和经济增长水平高于没有这种资源时可能达到的水平。此外,还有其他与外国银行借款相关的发展益处。外国银行往往会以比本国银行更低的成本向借款人提供贷款。这些较低的资本成本可能转化为更高水平的投资和增长。外国银行和国内银行之间的竞争也可能迫使国内银行以较低的利率提供贷款,并且通常会提高其效率和服务标准,以达到外国竞争对手的水平。因此,国内消费者和企业受益于外国银行和国内银行之间的竞争。

外国银行借款也在宏观和微观层面起到了约束机制的作用。在宏观层面上,外国银行借款可以奖励政府和企业创造良好的金融环境,并惩罚他们所做的不好的选择(通过取消贷款或提高利率)。因此,外国银行贷款加强了适当的经济(和其他)政策改革的必要性。在微观层面上,国内企业的绩效通过与外国银行的关系而得到提高。从国外借款的国内企业必须符合外国银行对借款人信用和管理能力的严格标准。通过鼓励经营和管理实践的向上协调,外国银行借款提高了发展中国家的经济效率。

拒斥新自由主义观点

大量的外国银行借款助长了投机泡沫和过度投资,从而加剧了金融脆弱性。

外资银行提供的资本只有在资本配置合理(在发展意义上)的情况下才能促进生产性投资和经济增长。一般情况并非如此。在各个发展中国家,私人借贷者利用外国银行贷款来资助各种非生产性或浪费性活动。

在通常由金融自由化引发的投机泡沫时期,很大一部分外国银行贷款融资进入投机性商业房地产开发和股票交易(见下文第9.3节和第10章)。在金融自由化之后,拉丁美洲和东南亚许多国家的情况都是如此。除了为投机泡沫提供助力之外,外国银行贷款还经常为产能过剩行业的投资提供资金。在亚洲金融危机爆发前的几年里,外国贷款提供了大量的过度投资(例如,汽车和电子产品的生产)。产能过剩(这是过度投资的结果)给价格和出口收益带来了下行压力。

在没有政府措施影响贷款收益分配的情况下,没有理由期望外国贷款将资助具有最高发展价值或社会价值的投资项目。如果这些贷款被用于非生产性的发展目的,那么外国贷款是否补充了国内贷款的不足,这一点并不重要。新自由主义者声称,外国贷款通常比国内贷款人提供的贷款便宜,这当然是正确的。但是,如果较低的外国贷款成本使得这些资金用于非生产性目的的吸引力更大(事实往往如此),那么较低的外国贷款成本对发展的益处就值得怀疑。

外国贷款也与引入和/或加剧期限错配和地区错配有关。期限错配是指长期投资以短期借款融资的情况。这使得借款人在寻求新一轮融资时容易受到短期信贷价格和供应变化的影响。外国银行往往以极具吸引力的价格提供短期贷款,而发展中国家信贷受限的借款人会从中获益。但是,当本地的借款人发现将短期债务"延期"(roll over)为新债务时很困难或代价高昂,就会产生严重的财务困难。地区错配是指外债必须以借款人本国货币以外的其他货币偿还的情况。地区错配是发展中国家的常态,因为大多数外国贷款必须以美元、日元或欧元等"硬通货"偿还。发生地区错配会使发展中国家的借款人容易受到本国货币贬值的影响,因为这增加了偿债成本。在墨西哥、东亚和阿根廷最近发生的金融危机中,期限错配和地区错配都发挥了重要作用。

外国贷款比国内贷款更容易出现外逃风险。外国银行更倾向于减少在某一特定国家的贷款,以保护自己不被察觉,或在其他地方寻求更好的机会。尤其重要的是,这是因为发展中国家的政府无法通过政策指令或道德劝说的方式,像影响国内银行那样影响外国银行的决策。外国贷款的突然撤出可能引发或加剧金融不稳定性,正如1997至1998年许多东亚国家和2001至2002年阿根廷所表现的那样。

外国银行借款具有很强的奖惩功能。当然,并不推荐。

新自由主义者的观点当然是正确的,外国贷款为追求(他们认为)"适当的"行动方案的政府和公司提供激励和奖励(同样也会阻止或惩罚不适当的行动)。鉴于当前盛行的意识形态氛围,外国银行借款加强了追求新自由主义路线而非其他路线的必要性。除了新自由主义政策的不恰当之外，令人惊讶的是，新自由主义者还没有充分认识到，外国贷款的分配（以及在违约的情况下免除这些贷款的决定）经常被高度政治化。从外国借贷开始以来，在确定向发展中国家提供的银行贷款的分配和条件方面，地缘政治往往至少起到与客观经济分析同等重要的作用。

外国银行贷款不会迫使国内银行降低资本成本或提高效率。

没有明确的证据表明国内外银行之间的竞争迫使国内银行降低资本成本。这是因为，在发展中国家中，国内外的贷款机构并不服务于相同的市场，因此实际上并没有相互竞争。外国银行通常向大公司（特别是与国际市场有联系的大公司）提供贷款，而中小企业则依赖国内银行。此外，尽管国内银行往往是外国银行的客户，但不能据此认为通常的小额借贷者更容易获得信贷。特别是在投机热潮期间，国内银行通常从外国银行获得贷款，用于参与投机活动。

就其本身而言，外国银行与国内银行之间的互动并不会带来优秀的运营经验和效率标准的转移。一个结构严谨的联合经营协议可能会达到这个目标，但这个目标往往被证明是难以实现的。外国银行在投机热潮期间的判断不力和监督不力的程度不亚于国内银行。近期发展中国家金融危机的后果十分清楚地表明，外国银行与国内银行一样是"非理性繁荣"的参与者。事实上，如果没有外国银行的参与，最近发展中国家中的许多投机泡沫可能不会增长得如此迅猛。

偿还外债的负担可能是毁灭性的。

外国借款给发展中国家带来巨大的"债务积压"（debt

overhang)，导致从债务国向债权国转移巨额资金。这些债务负担破坏了长期经济增长的前景，造成了苦难和社会的破坏，并牺牲了发展中国家大多数人口的愿望，以应付必须偿还的债务。偿还外债的压力也促使环境退化，因为自然资源往往在赚取稀缺外汇的竞赛中枯竭。经常伴随债务危机而来的国际货币基金组织的结构调整方案，在发展中世界的许多地区引起了巨大的经济和社会混乱。最后，外国贷款的附加条件，特别是由国际货币基金组织所附加的条件，削弱了国内政策的自主权，甚至操纵了民主。

替代性政策

有几种方法可以管理外债的允许水平。

发展中国家大幅减少对外国银行贷款的依赖是至关重要的。这些国家显然会通过减少外国银行贷款的允许数量而获益。因此，如果决策者严格限制可能产生的新的外国贷款的数量，这将会带来巨大的好处。这种上限可能涉及严格限制外国贷款占总贷款的允许比例，或者可能要求企业仅用具有一定期限和/或地区特征的外国贷款为其项目提供一定比例的融资。

在采取绊线-减速带方法之后，依情况可以动态地对外国贷款加以限制（见上文第9.1节）。在这种方法下，决策者将监测一根绊线，该绊线用以衡量经济对于停止外国贷款时的脆弱性。这包括计算政府持有的货币储备与私人和公共的外币计价债务的比率（在计算中短期债务的权重较大）。如果这一比率接近公布的警戒值，那么决策者就会启动一个渐进式的减速带措施，阻止新的外国贷款流入，直到情况改善。

政策还可以阻止（而不是禁止）使用外国贷款作为融资来源。

税收制度可以通过多种方式阻止国内借款人承担外债义务。国内借款人可能会被要求向政府或中央银行支付相当于外国贷款的一定比例的费用。这笔附加费可能会根据贷款结构而有所不同，例如，涉及地区或期限错配的贷款会产生更高的附加费。或者，附加费可能因所涉特定借款人的债务水平而有所不同，例如，已经持有大量外债的借款人比负债较少的借款人面临更高的附加费。这种以税收为基础的方式可能鼓励借款人使用国内融资渠道，因为这些渠道不收取任何附加费。另一种策略可能涉及根据外国贷款融资的活动类型来变更附加费。例如，当贷款用于出口导向型生产时，借款人可能有资格获得国外贷款附加费的部分退还。

值得注意的是，智利和哥伦比亚的决策者在20世纪90年代的大部分时间都采用税收政策来抑制向外国借款。在智利，外国贷款每年需要缴纳1.2%的税（由借款人支付）。智利决策者还对所有类型的外债（实际上是对该国的所有外国金融投资）规定了30%的无息准备金要求。这项被称为准备金要求税（reserve requirement tax）的政策，实施于1992年5月到1998年10月。为应付外债而持有的准备金（由借款人支付）在中央银行保留一年，不考虑债务的到期时间。哥伦比亚当局也采用了专门用于阻止国内借款人承担外国贷款的准备金要求税。从1993年9月开始，哥伦比亚决策者要求，期限为十八个月或以下的外国贷款，必须持有一年期的47%的无息准备金（1994年8月，这项规定扩展至期限不超过五年的贷款）。[①] 此外，禁止涉及房地产交易的对外借款。对智利和哥伦比亚政策的实证研究表明，他们实现了他们的主要目标，包括减少对外借款（见Grabel 2003a，及其参考文献）。

在借款人至少承担一些外国贷款责任的情况下，必须由政府管理这些贷款的分配和条件。

仔细管理外债的分配可以确保它被用于生产性、发展性的目的。在20世纪90年代金融自由化之前，东亚和东南亚的许多国家政府对于分配和获取国外贷款进行密切协调。中国和印度的决策者们今天仍在这样做（详细内容，见Epstein etc. 2003）。例如，中国的国内企业必须获得政府批准才能进行外国借款。尽管20世纪90年代，印度政府一直在稳步开放金融部门，但仍然严格限制国内公司所持外债的水平和条件。针对1997年亚洲金融危机的教训，印度继续限制外币的商业借贷。财政部维持着每年对国内企业申请贷款的规模和利率的最高限额。财政部还根据贷款的期限结构和最终用途，对向外国借款申请做出个别规定。在审批过程中，优先考虑长期贷款和重点行业贷款。正是由于政府的这种外债政策，中国和印度的企业外债水平和对外金融脆弱性都较低。

一般来说，决策者应采取措施，限制或阻止国内借款人使用涉及地区和期限错配的融资策略。除了上述讨论的上限、附加费和审批程序外，决策者还可以设计绊线和减速带，以保证期限和/或地区

[①] 请注意，实际上，在智利和哥伦比亚政策制度的生命周期中，支付准备金要求税的水平、范围和方法都发生了多次变化。详情请参阅Grabel 2003a。

错配低于临界阈值。地区错配的绊线是以外币计价的债务与以本国货币计价的债务的比率（在计算中，短期债务的权重更大）。期限错配的绊线是短期债务与长期债务的比率（在计算中，外币计价债务的权重更大）。一旦绊线机制发现了漏洞，就会实施一系列的减速带，这些减速带要求借款人减少其地区或期限错配的程度。

经济改革可以弥补最初由债务上限、附加费或减速带导致的对外借款减少而损失的资源。

批评人士可能会拒斥说，如果获得外国贷款（或任何其他类型的资本流入）受到限制，经济增长将陷入停滞状态。然而，那些被认为对外国投资者有利的改革，往往会导致投资的崩溃。例如，在韩国的金融危机之后，新自由主义金融改革使该国对外资流入的开放程度更高。然而，这些改革并没有导致投资增加。相反，韩国的平均投资率从1990至1997年的37.1%下降到1998年至2002年的25.9%。

相比之下，采取措施限制外国借款的政府，至少可以通过实施增加国内资金池的措施来替代部分被放弃的资金。在这方面，限制国内储户和企业退出选择的措施将会增加国内可用资金池（因为目前大量资金因资本外逃而流失；见下文第9.3节和第10章）。产业政策和国内金融监管的协调也可以确保国内企业能够获得国内产生的资本（见第7.2章和第10章）。税收改革是增加国内资源基础的另一种手段（见第11.3章）。更一般地说，第二部分讨论的许多经济政策改革旨在提高投资和经济增长水平。如果这些改革取得成功，中长期经济将产生新的资源，这些资源可以用来为追加投资提供资金。

9.3 证券投资

新自由主义观点

证券投资比其他形式的外国资本对受援国的回报更大。

证券投资(PI)使企业和政府能够利用全球金融市场上的巨大资金池。资本准入的增加开启了扩大投资和经济增长的良性循环。证券投资在全球资本市场上，由多样且分散的投资者进行有竞争力的定价和有效的分配。获得证券投资可以提高经济的整体效率和绩效。这是因为配置证券投资的全球资本市场采用的是不易发生腐败的"保持距离"(arm's-length)或非关系型的做法(就像基于政府的资本配置和某些类型的银行贷款一样)，这些市场的特点是快速的价格调整。证券投资的可逆性促进了政府和企业的纪律和效率，因为它们获得资本的途径取决于投资者对其经营活动的信心。

尽管所有这些利益都与向外国银行借款有关(见上文第9.2节)，但在证券投资的情况下，它们获得的程度更深，因为潜在的资金池更大且更具流动性。因此，不仅证券投资有更大的潜力来促进经济增长，而且它还有更大的潜力来服务于奖惩功能(由于其流动性)。此外，证券投资通过在资本市场上广泛分散资产所有权来促进风险扩散(从而促进金融稳定和投资)。最后，证券投资优于外国银行借款，因为前者既不附带条件，也不与外部控制相关联。

拒斥新自由主义观点

不受管制的证券投资不利于发展,容易引起或加剧重大问题。

没有实证依据支持证券投资引发投资和增长的良性循环的观点。与向外国银行借款一样(见上文第9.2节),没有令人信服的理由使人相信,证券投资将必然被用来为最具发展性的重要投资项目提供资金。

与由政府调节的资金流动不同,证券投资按照回报率标准在全球资本市场上进行分配。实际上,这意味着投机项目(如商业房地产开发)比具有较高社会或发展回报的项目(如道路建设)更有可能获得资金。这些投机项目往往对少数国内和/或国外投资者有利,并且可以在短期和中期内增加投资和增长。但是证券投资的投机对更广泛的经济发展贡献不大,并且往往会加剧不平等现象。

大量不受监管的证券投资也会增加宏观经济的不稳定性。在很多发展中国家,股市投机泡沫的破灭大大加剧了金融危机(例如1994至1995年的墨西哥,1997年的马来西亚和泰国)。有证据表明,金融危机具有严重的、持久的经济和社会成本,而这些成本负担多被穷人承担,与其所得不成比例。研究发现,危机之后是贫困率和收入不平等的增加以及经济增长率的降低(Weller and Hersh 2002,及其参考文献)。

本质上证券投资并不优于其他融资形式。

新自由主义声称证券投资优于其他融资形式(特别是向国内银行借款)是不正确的。证券投资者往往是多元化和分散的。但是这些特征不一定有利于发展。历史表明,发展成功往往与**忠诚的**(而不是无私的)投资者相关联。在欧洲大陆、日本、东亚和拉丁美洲的高速增长时代就是如此。甚至在美国——一个通常被视为保持距离投资实践的典型国家——"二战"之前的经济发展都是由各种形式的关系融资推动的,比如投资财团、公私合作伙伴关系,甚至现在被称为"内幕交易"的做法。

与证券投资相关的快速价格调整增加了经济的不确定性、加剧了金融的脆弱性。流动性也加剧了与汇率、国际贸易、金融不稳定和生活水平有关的问题。

新自由主义者的主张也是正确的,即配置证券投资的全球资本市场具有快速(几乎是即时)的价格调整机制。但这很难说是一种好处,因为资产价格波动会增加特定公司内部的不确定性(因为管理者无法确定未来获得融资的成本),导致系统的不稳定性,从而可能造成导致金融危机的脆弱性。资本市场的价格调整,由投资者的心血来潮和市场心理驱动(如果不是更大的话),也同样由对投资前景的谨慎、科学评估驱动。

证券投资是高度流动的,因此容易逆转。大量证券投资(由国内或国外投资者持有)的突然退出,可能并已经导致额外的资本外逃和货币贬值、偿债困难和资产价格通缩的恶性循环。正如1997年东亚危机所表明的那样,这种恶性循环最终会导致代价昂贵且痛苦的国家金融危机。如前所述,金融危机的人力成本不成比例地由穷人承担。任何类型的资本外逃都可能引发金融危机,但证券投资的高流动性使其特别容易外逃。(这并不是说外商直接投资没有问题或是同质的;见上文第9.4节)。

值得注意的是，国内证券投资者的资本外逃与外国投资者的退出一样困难，尽管在金融危机的情景中，后者往往被描绘成坏人。事实上，国内投资者有时会比外国投资者更早退出，因为他们更清楚本国经济的问题。国内投资者的资本外逃之所以成问题，不仅是因为它加剧了金融不稳定性，还因为它提高了吸引外国投资作为另一种融资来源的重要性，并减少了国内税基（关于后一个问题，见第11.3章）。

突然的证券投资的大量流出并不是唯一的问题。如果汇率由市场决定，那么突然大量流入的证券投资同样是个问题，因为它们会让本币承受升值压力（见第11.1章）。在这种情况下，一个国家在短时间内成功地吸引大量证券投资可能会威胁其出口绩效。请注意，当大量外商直接投资在很短的时间内流入时，也会出现同样的问题——例如，当外国投资者购买国内几家大企业的大部分资产时。[①] 如果汇率在某个区间内固定或盯住汇率，大量证券投资组合或某些类型的外商直接投资流入可能会对国内货币当局的资源构成压力，因为他们努力将汇率维持在预定的范围内。

证券投资对政策的自主性引入了强大的约束，尽管是间接约束。

新自由主义者赞美证券投资对政府的约束作用。我们看到的情况完全不同。与证券投资有关的对政策自主性方面的约束，经常会对发展中国家造成严重损失，特别是在经济增长和生活水平方面（Grabel 1996）。

各国政府并不愿意考虑可能会使国内或国外证券投资者不满的

---

① 相反，如果外商直接投资逐步增加，本国货币将不会承受巨大的升值压力。

政策,因为他们担心这些政策会引发投资者的大规模退出。证券投资者特别不喜欢他们认为会诱发或加剧通胀的任何政策,因为这会降低投资回报率。在新自由主义观点中,政府支出(尤其是赤字融资时)会引发通货膨胀。(见第11.3章关于支出—赤字—通货膨胀关系的批判。)人们认为(虽然不正确)政府支出与通货膨胀之间存在联系,这意味着一旦决策者不惜一切代价寻求吸引证券投资,那么扩张性支出计划就变得更加难以证明其合理性。扩张性货币政策(即导致国内利率下降的政策)也被视为是有问题的,因为新自由主义者认为它是增加支出、通货膨胀和经济增长下行的催化剂(见第11.2章对这一观点的批评)。政府也更加难以制定任何限制投资者自由投资的政策,因为这些政策也被视为阻碍了证券投资的发展。这里所描述的对政策自主权的约束显然是间接的,但它们的微妙之处同样强大。

值得注意的是,金融危机会对政策的自主性造成严重的和直接的约束。在危机环境下,大幅削减支出和提高利率通常被认为是恢复证券投资者信心(并引起回报)所必需的。在发展中国家陷入危机时,国际货币基金组织继续向它们施压,要求它们采取紧缩的财政和货币政策,尽管经验证据表明,这种策略并不奏效。由于这些政策增加了破产率并加剧了整体经济风险,因此紧缩政策未能说服证券投资者在最近所发生的金融危机后,重返韩国和阿根廷。尽管有这些证据,但许多新自由主义者认为,恢复投资者信心需要紧缩政策;而此时恰恰需要采取扩张性更强的政策,以促进经济复苏和保护脆弱的社会群体。

替代性政策

对证券投资的管制有必要认真考察分析。这些管制对各国的经济发展做出了重要贡献。

周密地管理证券投资可以最大限度地提高收益,并将与此资源相关的成本降至最低。许多国家都成功地实行了对证券投资的长期监管。例如,在"二战"后的二十年中,所有工业化国家严格规定了证券投资的流入和流出(Hellinger 1994)。唯一例外的是美国,但在20世纪60年代,当决策者试图增强人们对该国不景气的经济的信心时,美国也对证券投资进行了短期控制。事实上,在20世纪80年代中期之前,大多数欧洲大陆国家和日本一直对证券投资组合和其他资本流动进行严格控制。

资本管制的使用并不局限于工业化国家。在新自由主义经济改革获得正统地位之前,对证券投资的管制是发展中国家的常态。不管怎么说,对证券投资组合和其他资本流动的管制,对于许多发展中国家经济表现最强劲的时期(即20世纪50年代至70年代中期)的成功,都起到了重要作用。与新自由主义时代相比,整个发展中国家在"二战"后的三十年间取得了令人印象深刻的经济成就,这一时期资本管制的使用非常广泛(见第1章)。在20世纪70年代和80年代期间,对资本流动的控制(除了工业和贸易政策)为东亚和东南亚国家的强劲经济表现作出了重大贡献(见第5章和第7章)。

一些发展中国家继续使用(或最近使用)证券投资管制以服务自己的重要目标。

即使在当前的新自由主义氛围下,一些大的发展中国家也已经有效地利用了对证券投资流入和流出的控制。在这里，我们列举了一些最近采取此类策略的例子（更多例证，见Grabel 2003a and Epstein etc. 2003）。

在当前的新自由主义时代，马来西亚当局两次对证券投资施加限制。第一次这样的努力是在1994年初。当时，马来西亚经济的私人资本流入量（包括但不限于证券投资）急剧增加。决策者担心这些资金流入助长了房地产和股票价格的不可持续的投机热潮，并对本国货币造成压力。在这种背景下，决策者实施了严格的临时资金流入管制措施。这些措施包括限制外国银行继续开展以本币计价的存款和借款，对境内银行和大型企业的外汇风险敞口进行控制，禁止向外国人出售期限不到一年的国内货币市场证券。

对这些措施的反应迅速且剧烈，以至于当局能够按照计划在一年内解除这些措施（因为他们在此期间实现了目标）。在管制措施实施期间，私人资本净流入量和短期流入量大幅下降，这些流量的构成显著变化，货币压力减少，股票和房地产的价格通胀得到遏制（Palma 2000）。对这些临时控制的迅速、有力的反应突出表明，减速带具有遏制初期困难的潜力（见下文）。

1998年亚洲金融危机期间，马来西亚政府再次对资本流入和流出实施严格控制。这一努力包括限制外国人获得本国货币、货币的国际转移和交易，以及在国外进行货币兑换。政府还确立了固定的本币价值，封闭了股票二级市场，禁止非居民出售持有不足一年的本地股票。

从多方面来看，这些相当严格的措施防止了该国进一步地从内部爆发金融危机。这是一个显著的成就，因为在这段时间内该国也遭受了严重的政治和社会危机。研究发现，将马来西亚的情况与亚洲金融危机的其他国家进行比较，该国的资本管制导致其经济和股市更快复苏，就业和工资的降幅也较小（Kaplan and Rodrik 2001）。后一项成就是可能的，因为资本管制为政府提供了实施通货再膨胀的经济和社会政策的能力，这些政策并不受额外的资本外逃或国际货币基金组织反对的威胁。

从1992到1998年，智利和哥伦比亚的决策者对证券投资进行了相当广泛和成功的监管。在此期间，哥伦比亚政府不允许外国投资者购买债务工具或公司股票。这项政策旨在防止外国投资者突然退出持有流动投资而可能导致的金融不稳定。但是，对外商直接投资没有明显控制。外商直接投资和证券投资的差别待遇旨在促进政府认为对经济增长重要的外资类型，同时保护经济免受不稳定的投资形式的影响。

智利政府对外国在该国投资的政策也有类似动机。通过对外国投资征收30%的准备金要求税，政府试图延长投资期限，鼓励更稳定的外国投资形式（见上文第9.2节）。外商直接投资和证券投资面临着一年期的持有要求。政府还阻止养老基金经理将超过12%的资产投资到海外。这一政策旨在遏制国内最重要的大型投资者实施资本外逃的可能性。

大量的实证研究表明，智利和哥伦比亚的金融管制在改变净资本流入的构成和期限结构（尽管未改变数量）方面发挥了建设性作用，特别是在1994年至1995年加强管制之后（见Grabel 2003a及其参考文献）。在两国实施这些政策之后，外部融资总体上从债务转向外商直接融资。智利和哥伦比亚的决策者都能够实施以增长为导向的政策，因为他们的金融管制大大降低了外国投资者外逃的风险。最后，这些金融管制促进了宏观经济的稳定，有助于智利和哥伦比亚在墨西哥和亚洲金融危机之后实现金融稳定。例如，虽然拉丁美洲其他国家受到这些事件的破坏（由于投资者从股票和国债市场退出），但智利基本保持稳定，直到1998年8月才开始出现私人资本流入显著减少的情况。

就中国而言，外国人在股票市场的参与度非常有限，其主要国有银行的活动仍受到严格限制（例如，不允许向外国人贷款，限制外币的进入）。中国居民在资本外流方面也面临重大阻碍。事实上，中国政府在亚洲金融危机之后收紧了现有的限制措施并对金融实施了新的控制。随着危机的发展，中国政府宣布对涉及超过10万美元的外汇交易实行新的限制，使得国内和国际公司更难以将资金转入和转出中国，并对中国企业在海外维持非法外币存款实行新的严格的处罚。同样，在亚洲金融危机期间，台湾当局也采取措施防止乔治·索罗斯（George Soros）管理的基金进行非法交易（因为这些基金被指责导致了当地股市下跌）。

限制国内投资者进入外国资本市场的充分理由。

国内投资者的外逃可能导致金融不稳定和其他经济问题，例如税基减少。由于这些原因，有充分理由限制国内投资者持有外国储蓄账户和参与资本外逃的能力。

在20世纪80年代中期，尽管韩国是世界第四大外债国，但它之所以能免于债务危机,部分原因在于对资本外流的严格控制。更近期的例子是中国和印度。中国严格限制国内投资者参与外国证券投资的能力(首先限制他们获得外汇的渠道)。印度也通过限制国内投资者使用外汇来维持对国内投资者退出选择的严格控制。印度居民和企业完全无法在国外保留外币账户,印度银行不接受外币存款或以外币提供贷款。最近的研究表明,在亚洲金融危机期间,限制资本外逃、货币投机以及获得外汇和贷款的综合效应,保护了中国和印度免于动荡。

对证券投资进行管理的策略。

上述讨论表明,管理证券投资有几个方向。中国、印度、智利和哥伦比亚直接限制证券投资的成功表明,外国投资者不一定会避开那些对外国投资或其他金融控制有最低限度要求的国家。我们也看到,税收制度可以用来影响国际资本流动的构成和/或期限结构。通过实施出境税、禁止外逃或限制使用外币,可以降低国内投资者和储户外逃的可能性。最后,马来西亚的经验表明,对证券投资的临时控制也可以有效。

绊线–减速带方法适用于证券投资的临时控制设计(见上文第9.1节)。揭示证券投资外逃风险的脆弱性的绊线,是累计外国证券投资与股票市场总市值或国内资本形成总额之间的比率。如果这条绊线揭示一个国家特别容易受到证券投资流入逆转的影响,那么一系列渐进式减速带将减缓新资金的流入,直到该比率下降,抑或是因为国内资本形成总额或股票市场总市值增长充足,再或者是因为国外证券投资下降。因此,证券投资的减速带会减缓不可持续的融资模式,直到较大比例的投资增长可以在国内融资。我们强调减速带对控制证券投资**流入**的重要性,因为它们是在经济对外国投资者有吸引力的时候发挥作用,因此不太可能像限制资本流出那样引发投资者恐慌。虽然不能取代对资本外流的控制,但资本流入控制也降低了必须使用它们的频率和规模。

值得一提的是,有一种类型的证券投资不适用于绊线-减速带方法。所谓的表外业务(如衍生品)引入的风险不能通过绊线来揭示,因此不能通过减速带来抑制。这是因为企业不需要报告表外业务的数据(在其资产负债表上)。表外业务的风险远非微不足道。多项研究表明,表外业务在亚洲金融危机中扮演了重要角色(Dodd 2000)。

如果决策者通过强制执行报告要求,迫使参与者使这些业务透明化,那么表外业务的绊线和减速带就可以设计出来。在缺乏加强透明度的意愿的情况下,发展中国家的决策者最好禁止国内参与者参与表外业务。印度政府明智地对衍生品交易保持严格的限制。

9.4 外商直接投资

新自由主义观点

外商直接投资(FDI)有利于发展中国家,因为它使发展中国家获得资本和先进技术,引进卓越的管理技术和商业实践,并提供与国外市场的联系和渠道。

外商直接投资和其他跨国公司活动（如技术许可和不提供投资的合同管理）促进发展中国家融入全球经济。外商直接投资对于发展中国家来说是"双赢"的做法。对从事这些投资的跨国公司来说是有益的，对东道国的经济也有好处。

20世纪60年代和70年代，在发展中国家流行的对跨国公司的限制性政策是错误的意识形态的产物。用一位杰出的商业经济学家的话来说，"假设政府和企业的目标具有冲突已不再合适"（Julius 1994：278）。在这方面，英国前欧盟委员会委员利昂·布里坦（Leon Brittan）指出，现在很幸运的是"人们认识到投资的实质是：额外资本的来源，对健康的外部平衡的贡献，提高生产力的基础，额外的就业，有效的竞争，合理的生产，技术转让和管理技能的来源"（Brittan 1995：2）。

外商直接投资一直是经济发展的重要因素。但由于生产和企业组织的全球化，现在它的重要性更大了。

在过去的二十年中，国际贸易、生产过程和企业组织都发生了翻天覆地的变化。这些变化的综合影响使得外商直接投资对发展中国家更为重要。

直到20世纪80年代，单一商品的生产过程主要发生在单一国家的范围内（尽管可能进口了必要的技术和/或原材料）。"传统"国际贸易是在单一国家范围内生产的货物的贸易。自20世纪80年代以来，生产过程被分解为众多任务，其中的许多任务分散在全球各地，被称为全球生产关系网（global production web）、全球生产网络（global production network）、全球价值链（global value chain）和全球装配线(global assembly line)。如果发展中国家要从新兴的国际生产和贸易模式中受益,它们必须在全球生产关系网中占有一席之地。

在过去的二十年中,公司也发生了变化。他们不再与某个特定的国家联系在一起。公司日益成为跨国或"无国籍"的。越来越多的核心企业活动(如研发)甚至跨国公司的企业总部,都位于传统的国内企业所在地之外。所谓的世界汽车或全球汽车的出现,以及由日本或韩国拥有的计算机公司在美国或欧洲建立研发中心,都是新企业组织形式的典型例证。当今公司的无国籍性质有助于解释它们对发展中国家的正和效应。跨国公司没有理由剥削东道国的经济,因为这些公司没有国家利益。

数据证实了这些变化在贸易模式、生产过程和公司组织中的重要性。自 1982 年以来,外商直接投资增长速度比(传统)国际贸易快四倍。自 20 世纪 70 年代以来,跨国公司的总产量已超过国际贸易量。最近流入发展中国家的外商直接投资大量增加,这表明,越来越多的国家正在进入全球生产关系网。世界上大约 75% 的制成品贸易是通过跨国公司进行的,其中超过三分之一是公司内部(除了国家之间)贸易。

外商直接投资优于所有其他形式的国际私人资本流动。

外商直接投资的稳定性使其远远优于外国银行借款和证券投资。 鉴于最近金融不稳定性加剧,以及与流动性的突然逆转和外国银行贷款和证券投资不稳定流动有关的危机增加,外商直接投资的稳定性变得尤为重要。

无条件欢迎外商直接投资的国家表现令人印象深刻。

历史和经验记录表明，一些国家已从对外商直接投资和其他形式的跨国公司所持的自由主义立场中获益。过去二十年来，东亚经济"奇迹"和一些拉美国家（特别是墨西哥）是对外商直接投资（以及其他跨国公司活动和国际贸易）采取开放态度能够促进工业发展、出口成功和增长的例子。

限制外商直接投资或跨国公司活动的国家将受到孤立或资本外逃的影响。

跨国公司不会设在限制其活动的国家，并将退出对现有跨国公司进行限制的国家。全球生产网络的建立以及全球外商直接投资政策的宽松化，使得跨国公司可以在东道国环境变得敌对的情况下，很容易地迁移生产过程的各个环节。正如我们（在上文第9.2和9.3节中）所看到的那样，退出的威胁可以使政府对外商直接投资和跨国公司的政策符合适当的国际开放标准。

拒斥新自由主义观点

历史上，外商直接投资和跨国公司的其他活动一直与发展中国家的许多问题有关。这些问题并没有消失。

在20世纪60年代和70年代，评论家提出了许多反对外商直接投资和在发展中国家进行跨国公司活动的论点。首先，批评者认为，跨国公司通常以虚高的价格向发展中国家转移陈旧的和"不适当的"技术。第二，跨国公司在东道国经济体的政治和经济条件下行使了巨大的垄断权力。第三，跨国公司通过在其子公司之间实施"转移定价"的做法来逃税。（转移定价是指一种税收策略，涉及操纵同一公司的子公司之间的"内部价格",使利润记录在对外国公司保持较低税收的国家,而亏损记录在保持较高税收的国家)。第四,跨国公司不鼓励国内投资,因为本土公司无法与外国公司竞争。在某些情况下,跨国公司因参与破坏政府对其利益不利的活动而受到批评。最著名的例子是,在铜矿工业中,跨国公司支持智利将军皮诺切特(Pinochet)反对阿连德(Allende)总统的军事政变。阿连德总统在选举后将铜矿国有化。我们认为(和许多其他国家一样),对跨国公司的这些担忧今天仍然有效,尽管我们相信对它们可以通过适当政策制度加以管理。

对外商直接投资的战略管理可以最大限度地为发展中国家带来净收益。

尽管上述重要问题存在,但如果东道国政府妥善管理,外商直接投资可以有利于发展中国家。这涉及一套激励、奖励和控制措施的设计。在制定针对外商直接投资的政策时,有许多因素需要考虑——所涉及国家的特定组合(作为来源国和东道国)、行业和公司的类型以及投资监管和税收制度(见下文)。

外商直接投资政策应被视为一国国家发展战略的组成部分。

从外商直接投资和与跨国公司的其他联系中受益最为显著的发展中国家,是那些以符合国家发展战略的方式管理这些投资的国家。在这个范围内,有一系列针对外商直接投资和跨国公司的政策已经被证明有效地促进了工业化和其他经济目标。

日本、韩国和中国台湾在对外商直接投资采取限制性政策的基础上建立了自己的工业基础。[①]这些国家只允许在某些部门进行外商直接投资，并且（特殊情况除外）禁止外资在关键部门拥有超过半数的所有权。这三地的决策者规定了跨国公司子公司的"本地内容"要求（例如，规定了生产过程中使用的本地投入的比例）。最初，这些要求设定在一个较低的水平，然后随着时间的推移而增加。政府还对跨国公司本地合作伙伴的技术许可使用费制定了限制。

日本、韩国和中国台湾在制定针对外商直接投资的政策时考虑到几个目标。政策仅在其收益超过其成本的部门，鼓励外商直接投资；确保跨国公司以合适的价格转让适当类型的技术；最大限度地发挥跨国公司活动对其所投入领域的当地生产者的技术溢出效应；防止跨国公司将过多的收入转移回国；限制其当地子公司的出口活动；并最大限度地提高由跨国公司带来收入和出口。

韩国和中国台湾对外商直接投资的一般限制政策与一些部门的自由主义政策并存。例如，在20世纪50年代和60年代当这些国家和地区出现外汇短缺时，决策者建立了自由贸易区（FTZs）或出口加工区（EPZs）。在这些区域内，服装和玩具生产以及电子装配等部门的跨国公司被允许持有高达100%的股权，并且当他们100%出口其产品时，可以免受其他法规限制（如劳动法）。在决策者看来，在经济发展早期，自由贸易区是一种针对特定目的的有用（尽管有

[①] 对外商直接投资的限制并非东亚国家独有。自20世纪30年代到1993年，芬兰将外资在企业中的持股比例限制在20%以内。在19世纪，美国限制沿海航运、采矿和伐木等行业的外商直接投资，同时通过禁止雇佣外国工人来限制跨国公司。有关限制外商直接投资的更多详细信息，见Chang and Green 2003。

些令人不快）手段。当最初旨在改善这种状况的外汇短缺有所减轻时，自由贸易区逐渐被取消。[1]这种针对自由贸易区的战略与当今许多国家所采用的战略截然不同，后者将吸引外商直接投资进入自由贸易区作为其本身的目标。

新加坡和哥斯达黎加在一项明确的计划内积极争取跨国公司，其中包括他们所希望吸引的外国公司类型以及这些公司可以进入该国的条件。这些国家的政府认识到，他们的国家规模小，使得大型本土私营企业难以发展。出于这个原因，他们决定与跨国公司建立联盟，力图促进高质量的外商直接投资。各国政府随后对特定类型的基础设施和教育进行了重要投资，以最大限度地提高该国国家发展计划对外国投资者的吸引力。哥斯达黎加政府支持基础设施和教育的投资，使英特尔公司怀有信心地在该国设立了一家主要的微型芯片工厂。

新加坡和哥斯达黎加政府对外商直接投资采取了比中国台湾，尤其是比韩国更为自由的立场。但是在所有这四种情况下，外商直接投资政策都是经过深思熟虑的、积极的，并且受到国家发展目标的影响。

相比之下，在过去的十年左右的时间里，许多发展中国家从根本上彻底向跨国公司开放其边界，对其经济几乎没有好处。这是因

---

[1] 请注意，在20世纪80年代中期，韩国跨国公司的子公司中只有6%（包括自由贸易区内的子公司）被母公司所有。这与墨西哥和巴西的情况形成鲜明对比，在这些国家中，分别有50%和60%的跨国公司的子公司为100%的外资所有（Evans 1987: 208）。

为他们与跨国公司的接触不是由国家发展的明确战略所驱动的。没有远见的自由化的结果，通常是"错误"类型的外商直接投资。这些外商直接投资大部分涉及外国投资于房地产开发和收购现有公司（"褐地"外商直接投资），而几乎没有注入新技术。大量褐地外商直接投资与由财政原因导致的国有企业私有化有关，而不是与精心设计的工业战略有关（见第8.1章）。

在将自由放任的外商直接投资政策与国家外商直接投资战略合并的过程中，许多国家已经向外国公司提供了不必要的大额补贴（或免税，也称为免税期），取消了对跨国公司的所有权限制，减少了对利润回流的限制，取消了本地内容的要求，放宽了对技术转让的规定，并在国家规定中给予了不必要的慷慨豁免（例如对劳工和环境）。这种现象通常被称为"竞次"（race to the bottom）。竞次对发展中国家的税基、生活水平以及社会和环境条件产生了诸多负面影响。

从长远来看，缺乏连贯一致的国家工业战略和外商直接投资战略，意味着各国不太可能通过明智地利用他们吸引的投资资源和外商直接投资所创造的外汇，来升级其经济。请注意，如果通过世贸组织采用新自由主义多边投资协定（工业化国家施加压力的结果），最终可能会进一步加剧竞次。

有证据表明，外国投资者并不回避管制外商直接投资的国家。

对发展中国家来说，这种竞次不仅代价高昂，也不是吸引外商直接投资的最有效战略。实证研究发现，监管制度并不是外国投资决策的最重要决定因素。对外国投资者的选址决策而言，更重要的是经济增长、国内市场规模、完善的基础设施以及受过良好教育和训练有素的劳动力等因素。即使是世界银行，一个往往与跨国公司自由政策相关的机构，也认为"直接投资的具体激励措施和法规对于一个国家获得多少投资的影响，小于其普遍的经济和政治环境以及金融和汇率政策的影响"（世界银行 1985：130）。

中国和越南是成功吸引外商直接投资的例子，尽管它们相当严格地进行管制。外国投资者认为这些国家具有很高的吸引力，因为它们的国内市场规模大、经济快速增长、有受过良好教育具有良好职业道德的劳动力。新加坡和哥斯达黎加以及最近的印度也证明了，受过良好教育的劳动力在吸引外商直接投资方面的重要性。

外商直接投资政策应根据影响区位决策因素的经验证据来设计。有证据清楚地表明，**跨国公司进入（而不是创造）具有经济活力的国家**。换句话说，增长会带来外商直接投资，而不是反过来，像新自由主义者所说的那样（Milberg 1998）。

并非所有跨国公司都会退出限制其活动的国家。

发展中国家的决策者往往忽视这样一个事实，即（尤其是短期和中期）外逃风险并不平等地适用于所有类型的跨国公司。这一点很重要，因为决策者通常认为，任何管制跨国公司的企图都会导致他们退出，实际上这种恐惧在许多情况下是没有根据的。

只有相对较少的行业具有高度的流动性，因此，如果监管环境对他们不再有吸引力，投资者可以轻易逃离。[①] 服装、鞋子、纺

---

① 尽管回顾一下，证据表明监管在外商直接投资决策中的作用远不如人们通常认为的那么重要。

织品和毛绒玩具是最具流动性的产品。相比之下，其他行业的投资远没有那么自由。在许多行业（如化工和钢铁），生产需要对专用资本设备进行重大初始投资。这意味着搬迁费用非常高昂且耗时，因此不会轻易进行。在其他行业（如先进的电子产品和汽车）中，搬迁可能更容易，因为生产过程中的机器和设备可能更具移动性。然而，在实践中，这些企业的搬迁非常困难，因为生产依赖于可靠的分包网络和其他类型的关系，而这些关系在其他地方并不容易建立。

底线是，并非跨国公司的所有投资都会外逃。对外逃的错误恐惧不应阻止各国政府将管制外商直接投资作为国家发展战略的一部分。

决策者应该意识到，外商直接投资有时会导致大量资本外流。

在20世纪90年代发展中国家发生多次金融危机后，外商直接投资的明显稳定性导致许多人将其视为"资本流入的特蕾莎修女"（Mother Theresa of capital inflows），正如剑桥大学经济学家加布里埃尔·帕尔马（Gabriel Palma）所说的那样。然而，应该指出的是，外商直接投资可能导致大量资本外流。

当外国投资的利润从最初获得它的国家流出时，外流就发生了。跨国公司越来越有能力从东道国撤出大量资本，因为许多国家已经取消了对利润回流的限制。此外，转移定价仍然是跨国公司的一项重要战略。转移定价使跨国公司能够将超过其在东道国经济中实际赚取利润的资本汇回本国。

此外，在自由化、国际一体化的资本市场中，外国（直接）投资者通过利用其资产作为国内银行贷款的抵押品,从而将大量资金不受限制地从东道国转移出去。这些贷款收益可以转换成外币并投资到国外。因此,与其他形式的资本流动(如证券投资)一样,无管制的外商直接投资有可能导致发展中国家大量资源外流。谨慎管理外商直接投资的条件可以防止或减缓其产生资源外流的潜力。

替代性政策

历史经验和实证研究揭示了关于外商直接投资和跨国公司参与的两个关键教训。

首先,管理外商直接投资和其他跨国公司活动没有唯一的模式。发展中国家的政府应通过创造就业机会、提高生活水平和促进知识和技术转让,最大限度地利用外商直接投资的潜力,以促进经济(特别是工业)发展。

正如我们上面所看到的,历史和经验表明,实现这一目标有许多不同的途径。管理外商直接投资和其他跨国公司活动的能力取决于若干因素,例如东道国的相对谈判地位(本身可能取决于国家规模)、行业的技术性质以及特定公司或行业在政府的国家发展总体愿景中的重要性。

东亚一些国家最近提供了特别好的实例,他们的战略最大化了由外商直接投资和其他形式的跨国公司参与的发展利益。最近,中国、印度和越南的经验表明,外国投资者不一定会避开限制其活动的国家。这些经验表明,对外商直接投资的管理在今天仍然是可能的。也有证据表明,在做出投资决定时,跨国公司更加重视诸如大规模的国内市场、受过教育的劳动力、不断提高的收入和经济增长以及完善的基础设施，而不是自由的管理制度。

其次，外商直接投资政策如果与国家发展和/或产业政策规划紧密联系，则是实现发展目标的最佳机会。众所周知，韩国和中国台湾等国家和地区在大多数行业对外商直接投资都采取了严格的监管措施；同时对其他行业的外商直接投资则采取了非常宽松的态度。这种限制性政策和自由政策的混合是可能的，因为各国政府制定了明确的外商直接投资战略，对各行业区别对待。新加坡和哥斯达黎加最近的经验表明，决策者可以将吸引特定类型的外商直接投资（甚至针对特定公司）作为其工业或发展战略的核心部分（见第7.2章）。

对外商直接投资的具体战略，应取决于所寻求的外商直接投资的性质、该国的禀赋以及该国产业政策制度的目标。

一些国家，特别是最贫穷的国家，对外商直接投资的目标可能相当狭隘，只寻求外国资本的注入，以增加就业（任何条件下）和外汇收入。服装行业、制鞋业和玩具制造业，通常适合这种虽然条件有限，但在某些情况下具有重要经济意义的环境。在这种情况下，该国对外商直接投资保持相对宽松的态度是可以接受的（甚至重要的），因为这些行业被严格视为"摇钱树"。许多国家建立了出口加工区，目的是吸引外商直接投资到某些行业。然而，值得注意的是，从长期来看，这种摇钱树行业往往是"死路一条"。因此，决策者需要制定一项长期战略，将这些行业产生的出口收益进行再投资，以产生新的工业能力。

在一些国家和一些行业，政府可能会发现有必要吸引外国投资者对占用大量资本的昂贵的设备和技术进行投资。这些类型的外国投资的引进，有时可以成为利用国家自然资源获得某种优势的先决条件，因为获取自然资源所需要的技术（例如，矿产资源的开采）在国内并不总是可以得到的。在这种情况下，有必要制定一项吸引外国直接投资的战略，这样可以让东道国从自己的自然资源中获得尽可能多的"租金"。在一些国家，结构合理的联合经营协议效果良好。

在某些情况下，政府可能会寻求推广某些行业，作为在某些领域创造长期国际竞争力的产业政策规划的一部分。在初期阶段，可能需要投入大量新技术和资本，这种情况需要跨国公司参与。在这种情况下，国家政府必须与跨国公司就技术转让进行谈判，并防止跨国公司对出口和研发施加限制。20世纪90年代中期，在中国汽车业和韩国高速列车项目中，这些问题得到了很好的谈判协商。

最后，当一个国家在某一特定行业中相当接近实现了国际竞争力时，可能有必要完全驱除跨国公司。这在国内市场规模较小的地方尤为重要。这种限制可能是必要的，以便当地企业有最大的机会发展其竞争优势。

重点是并不存在可以针对所有类型的外商直接投资、跨国公司和所有类型国家的单一的适当战略。在更大的工业发展计划中，每个行业都有不同的职能。针对外商直接投资和跨国公司的政策必须针对每个行业和每个国家的具体情况加以调整。针对外商直接投资和跨国公司的政策必须是动态的，以便使政策随着内部和外部条件的变化而演变。

发展中国家确实对跨国公司有一定的议价能力,应尽可能利用这种能力。

当然,说各国应该以战略方式利用跨国公司是一回事,说它们实际上能够这样做是另一回事。极端贫穷、自然资源稀少或不足,这样的发展中国家比"初始条件"较好的国家议价能力小得多。对于资本流动性高的行业来说尤其如此,因为资本匮乏的国家往往对那些资本流动性高的行业(如服装生产)最具吸引力。

另一方面,许多发展中国家确实有一些议价能力,至少在某些行业。一些国家提供了大规模的和/或快速增长的国内市场的前景。这样的国家包括中国、印度、巴西和快速增长的东亚国家。在运输成本相对较高和/或需要接近市场期望的行业,一个大型和/或快速增长的市场尤其重要。

一些国家拥有议价能力的另一个因素是受过良好教育、训练有素的劳动力队伍(相对于其工资水平)。值得注意的是,从前和现在的东欧共产主义国家、越南和中国,由于他们的共产主义遗产,他们在这方面处于有利地位,在某种程度上这有点自相矛盾。地理位置是一些发展中国家拥有的另一个优势。

那些在地理上(和法律上)容易进入拥有富裕消费者的大市场的国家,也很有条件与一些外国投资者进行谈判。墨西哥的议价能力因靠近美国(及其北美自由贸易协定成员国身份)而增加,中欧国家(如捷克和斯洛伐克共和国、波兰和匈牙利)的议价能力因靠近西欧国家和即将获得的欧盟成员资格而得到加强。拥有稀有的、战略性的或其他有价值的矿物和自然资源也增强了议价能力。

毋庸置疑,如果一个发展中国家的经济一开始就具有坚实的基础,那么他将处于最有利于行使其议价能力的地位。在这方面,本书第二部分讨论的在许多领域采取适当的经济政策是很重要的。拥有一个内部协调一致的政府也很关键,能在政治上和行政上有能力对外国投资者和其他参与者行使其议价权。

10. 替代性政策4：国内金融监管

新自由主义观点

国家对金融体系的监管或者"金融抑制"在发展中国家很普遍，这不利于生产。

发展中国家的典型的金融体系与经济发展背道而驰。典型的金融体系以政府过度介入和银行主导为特征，而非资本市场（即股票和债券市场）主导。这种状况被广泛描述为"金融抑制"。

国家过度介入金融部门会产生很多负面后果。维持低利率（特别是在高通货膨胀的情况下）鼓励国内储蓄者将资金存放至海外，并且通常使当前消费比在国内金融机构储蓄更具吸引力。低储蓄率也意味着国内银行缺乏足够的储蓄来扩大贷款。政府对金融的介入同样导致国内金融市场的分化，只有一小部分有政治背景的借款人能够获得低成本贷款。没有特权的借款人必须求助于不受监管的、"非正式"（或限制性）的贷款人，后者经常收取高昂的利率，或者不得不在资本需求未得到满足的情况下经营。

金融自由化对增长和稳定至关重要。

鉴于上述问题，发展中国家必须自由化它们的金融体系。基于竞争性资本市场的自由化金融体系对于促进高水平的储蓄、投资、外资流入和经济增长至关重要。国内金融自由化不仅能够提高投资水平，还可以按照严格的收益率标准和通行做法在投资项目中配置资金来提高效率。通过消除金融监管体制下活跃的浪费和腐败行为，国内金融自由化将变得更有效率，并使借款人和公司管理人员严格遵守市场纪律。市场纪律的引入和腐败的消除提高了金融机构的经营绩效。金融部门表现良好，金融稳定的前景就会得到加强。

自由化也鼓励创造新工具和交易它们的市场，这一过程称为金融创新。风险多样化和分散的新机会将促进投资和金融稳定。通过增加融资的可获得性，自由化也消除了对非正式（通常是剥削性）融资安排的需求，使借款人寻找到那些最能满足其特定项目需求的投融资形式。

通过资本市场提供的资金被广泛认为比其他形式的资金更受欢迎，因为它具有更强的分散风险的能力，它根据客观的效率和绩效标准配置资金，比其他形式的外部融资（如银行贷款）更加便宜，而且流动性强。最后一个特点尤其可取：它将管理者置于投资者退出（或更高的资本成本）的威胁之下——如果他们表现不佳；从而鼓励良好的企业治理。（对资金流动形式约束功能的进一步讨论，参见第8.1节和第9.3节）。促进国际一体化的资本市场还具有便于发展中国家迅速融入全球金融体系的额外收益。

有序的金融自由化方式或许有用，但最终目标应该是全面的金融自由化。

部分评论员认为，随着国际资本流动的自由化，国内金融自由化应该有序进行。根据这种观点，只有在经济的其他部门运行良好并自由化之后，才能实现完全的国内金融自由化——也就是说，贸易和其他活动的自由化应该在金融自由化之前进行。但是，许多其他评论员因为这个策略带来的问题而拒绝了涉及排序的争论（参见第9.1节）。最重要的是，无论人们对排序问题有何看法，毫无疑问，最终目标应该是全面的金融自由化。

自20世纪70年代中期以来，大多数发展中国家都成功实施了国内金融自由化。

20世纪70年代，智利、阿根廷和乌拉圭是首批自由化其国内金融体系的发展中国家。这些方案从80年代早期至中期遇到了问题，但这只是因为实施了更广泛的不完整且不一致的经济改革计划。发展中国家的政策制定者已经从这些经验中汲取教训；自那时起，金融自由化的实施引发的问题就少得多。自20世纪90年代以来，国内金融自由化步伐急剧加快，为发展中国家带来利益。

拒斥新自由主义观点

发展中国家的国内金融自由化几乎没有取得明显成就，反而存在大量毋庸置疑的失败。

在发展中国家，国内金融自由化的进程是由若干相互加强的发展推动的，包括国际私人资本流入发展中国家的重要性日益增加（参见第9.1节），全球转向新自由主义经济政策，以及金融利益集团和IMF对政府决策影响力的提高。

国内金融自由化成效甚微。发展中国家的某些大企业，特别是在私有化背景下，通过在金融自由化下创建或扩张的资本市场获得了大量资金。提供给这些企业的资金通常比经由银行贷款提供的资金更加便宜。金融自由化促进了发展中国家在全球金融市场上的融合。

然而，即便这些微薄的成就也被侵蚀了。大企业的发展增加了发展中国家的行业集中度。就大企业获得低成本外部融资方面，资本市场强化而不是削弱了原有的二元结构。一些大企业获得的成本较低的资本往往助长了投机性过剩。此外，全球金融一体化的负面影响在于，它增加了系统性风险、金融脆弱性和波动性，并且增加了发展中国家发生金融危机的可能性（参见第9章，特别是第9.3节）。

大量经验证据表明，国内金融自由化毫无疑问无法实现其支持者所宣称的大部分回报（例如 Arestis and Demetriades, 1997; Williamson and Mahar, 1998）。国内储蓄对金融自由化没有积极响应。金融自由化没有促进对经济发展和改善社会弊病（如失业）十分重要的项目或部门的长期投资。金融自由化为投资与投机活动创造了氛围、机会和动机，并且注重短期金融收益而不是长期发展回报。投机泡沫的产生可能会暂时活跃投资和经济活动。但是，不可持续和金融脆弱的环境，或者用格拉贝尔（Grabel, 1995）的话来说，"投机引导型发展"（speculation-led development），难以符合发展中国家的长期经济利益。

金融自由化通常导致"投机引导型发展"，而这种发展几乎总是止于货币和银行危机。它还会加剧收入不平等，造成政治和经济权力的分化，增加金融脆弱性。

由于多方面原因，投机引导型发展存在很多问题。与新自由主义观点相反，自由化之后的金融创新和与之相伴随的流动性增加会给金融体系和经济带来更大的风险和不稳定性。资本市场的发展（尤其是在国际一体化情况下）加剧了金融脆弱性问题。这些风险往往最终表现为国内金融危机，其负担不成比例地落在了社会内经济上脆弱和政治上弱势的群体。

事实上，许多实证研究发现，金融自由化通常会导致发展中国家的货币和银行危机（参见Grabel, 2003b，以及其中的参考文献）。智利、阿根廷和乌拉圭在20世纪70年代进行金融自由化试验后遭遇了金融崩溃。从那时起，我们看到许多发展中国家在自由化之后都出现了金融危机，例如俄罗斯、尼日利亚、牙买加、韩国、泰国、印度尼西亚和墨西哥。

投机引导型发展通过扩大收入不平等也恶化了现有的社会弊病。这是因为只有一小部分人口能够抓住自由化金融环境中的机会获得投机收益。投机引导型发展造就了一小部分金融家，他们与海外金融市场的经济联系比与本国金融市场的联系更加紧密。在此背景下，政治和经济权力也转移到国内和国际金融群体。

在一个投机引导的经济体中，金融群体成为"国家利益"的指定主宰者。这意味着促进金融群体经济利益的政策（如追求低通货膨胀、高利率、低水平公共水平）通常被伪装成服务于更广泛的公共利益，而事实并非如此（参见第11.2—11.3节）。

以市场为基础的资本配置不是促进社会必要投资的最佳手段，也不是治疗效率低下、浪费和腐败的灵丹妙药。

金融自由化的支持者强调市场配置之于国家配置资本的好处。然而,在以市场为基础资本配置与经济发展之间没有被证实的经验或历史联系。这并不奇怪,因为在以市场为基础的体系中,资本配置依赖私人金融收益(即利润),这是衡量投资是否成功的唯一标准。投资的私人金融收益可能与其发展或社会收益大不相同。例如,对提供清洁饮用水方面投资的发展收益很可能超过其私人回报。私人和发展收益之间的差异意味着,除了以市场为基础的资本配置之外,还必须通过其他方式以促进社会必需的、但不一定是私人盈利的投资。

在金融管制体制下,腐败或低效的金融体系即使在自由化之后也会维持这种状况。自由化通常使腐败或低效率的形式被改变,而不是降低其水平。俄罗斯在金融自由化之后的情况就是例证,但在这方面俄罗斯绝非例外。正如2002—2003年美国公司丑闻所表明的那样,即使在高度自由化的金融体系中,腐败和低效率也可能大规模发生。

自由化的金融体系并不是大多数发展成功的组成部分。

世界上最成功的发展实践发生在国家有效管理金融部门的地方,以使它服务于经济发展目标,或者金融和工业部门在发展进程中扮演合作伙伴的角色(通常,虽然不总是在国家的指导下)。

经济史学家亚历山大·格申克隆(Alexander Gerschenkron, 1962)对经济发展的标志性历史研究发现,国家机构和金融-工业联系对世界上较晚工业化国家的成功至关重要。他发现,一个国家开始工业化越晚,国家机构和金融与工业之间的联系越重要。格申克隆关于欧洲大陆国家、日本、俄罗斯和美国的发展实践研究表明,没有成功的经济和金融发展的单一模式。这不足为奇,因为这些国家具有不同的体制、政治、文化和经济能力。尽管如此,他的历史发现证明了如下事实,即自由化的金融体系和一定的金融安排只是当今少数几个工业化国家发展经验的一部分。大多数发展中国家在高速增长期也如前述。

值得注意的是,在工业化过程中,美国和英国的金融体系比同期其他国家更加自由。然而,美国早期的经济发展却以剧烈的投机泡沫、对金融体系的不信任,以及不断发生的严重金融危机为特征。直到20世纪初,内幕交易和各种金融腐败在美国还十分猖獗。只有到了20世纪中叶,美国通过建立完善的金融基础设施,包括众多监管机构和中央银行、资金雄厚的存款和金融保险体系、稳健的银行体系、信息披露法的实施、高水平技术能力,才克服了长期的金融不稳定性(Chang,2002第3章)。

英国的金融发展虽然不像美国那样混乱,但也并非人们普遍认为的以市场为导向。英格兰银行的货币政策由政府制定实施,并受到有权势的金融群体的显著影响。英格兰银行经常通过与其他强大且富裕的国家(尤其是法国)的中央银行密切合作,来缓解本国的金融困境。英国的金融和经济体系从与殖民主义相联系的大量直接和间接资源转移中受益匪浅。英国作为第一个大规模工业化国家的地位也意味着,它在全球经济中面临的竞争挑战是无关紧要的,直到其他国家开始挑战其经济霸权(最终成功地)。

自20世纪80年代中期以来,美国和英国的金融体系一直高度自由化。对这些体系的许多研究表明,除了金融部门外,自由化未能很好地服务于国家的其他需要。

研究发现,英国,尤其是美国的自由化金融环境迫使企业管理者过分关注短期业绩和股票市场估值(参见 Grabel,1997,以及其中的参考文献)。在这种环境下,企业会因为从事只能在长期内取得回报的投资而受到惩罚(通过股价下跌),例如研发。他们也会因为减少成本的决定而获得奖励,例如解雇员工或转移到工资成本较低的国家。

与美国和英国股票市场相联系的收购机制并未使其经济受益(参见第8.1节)。收购的威胁和现实加剧了企业管理者的"短期主义",导致企业高度集中和垄断,并在许多部门造成失业。

来自美国的证据表明,在自由化金融环境中普遍繁荣起来的大银行不利于中小企业的发展(Berger et al., 2001)。一项对美国大银行的研究揭示,与小银行相比,大银行更不愿意贷款给小企业。这一发现提供给发展中国家的政策制定者另一理由,以使他们在取消对跨境和国内银行合并限制的问题上更加谨慎,因为这有可能加剧经济体中小企业已经面临的严重的融资约束。

总之,与金融自由化和收购相关的大量问题使其不值得向发展中国家推广。

替代性政策

国内金融监管的目标:金融服务于发展。评估金融体系绩效的首要标准:功能效率(functional efficiency)。

发展中国家的国内金融监管应以如下基本考量为指导:金融体系的运行应该为可持续、稳定和公平的经济发展服务。发展中国家金融部门的主要职能是为那些对发展至关重要的投资项目提供数量充足和价格适当的资金。所有金融改革都应该根据实现这一目标的程度进行评估。在其他方面（如流动性、国际一体化等）改善金融体系功能的国内金融改革，应视为金融体系主要发展目标的辅助。

我们认为，金融体系为经济发展服务的最重要途径是提供长期资金，这对大多数对于经济发展至关重要的项目是必要的（如对基础设施的投资和促进幼稚产业）。经济学家詹姆斯·托宾（James Tobin, 1984）在对美国金融体系的研究中使用了"功能效率"一词，指代金融体系为长期投资提供资金的能力。功能效率的概念与较为传统的效率概念形成鲜明对比，后者关注定价机制——例如，银行贷款的成本是否准确反映了与特定投资相关的私人风险。任何金融改革提议都应该根据其提高功能效率的能力进行评估。

创建符合发展目标的金融体系战略。

以上提出的目标和绩效准则可以通过多种方式实现。毋庸置疑，选择的确切政策工具是否恰当取决于每个国家的具体情况，例如金融结构的特征、制度能力，以及历史政治和经济状况。然而，许多政府采用了一些众所周知的机制来影响、指导或协调相当大比例资金流动的分配。

在日本、欧洲大陆、东亚、东南亚国家和巴西，政府对关键部门银行贷款价格和方向的影响是工业发展的核心。政府对贷款分配的影响包括设立施加在私人、准私人或公共控制的银行的部门层面的贷款目标。或者，政府可以使用税收体系影响银行贷款。税收激励可以鼓励银行向战略性公司或部门提供贷款。贷款目标或税收抵免可以确保银行贷款用来支持那些确认的社会和经济目标。

设立专门的贷款机构也可以服务于特定任务。其中可以包括鼓励妇女和/或少数民族创业，支持中小企业发展，或促进新技术（如促进环境友好型的新技术）的开发。

确保向特定部门/企业提供长期稳定资金的另一种方法，是设立专门从事长期融资的开发银行。开发银行可以像巴西、韩国、日本和法国那样由公共部门融资和管理，也可以像德国工业银行那样由私人融资。还可以设想，这些银行可以组织为公私混合形式，并可以在国际市场甚至从私人捐助者那里筹集资本。一些国家的经验表明，产业政策和公共投资项目对后发展至关重要，开发银行是实施这些政策和项目的机构（参见第7.2节和第11.3节）。

来自后发国家的证据表明，开发银行和其他专业银行可以被有效管理和监管。有效管理这些机构的挑战并不比在自由化环境中管理私人银行的挑战大或小。此外，正如辛格和韦斯（Singh and Weisse, 1998）所指出的，用于创建自由化金融体系的资源本应被更好地用于确保金融体系的适当且良好运行上，以服务于发展。

另一个确保国内金融体系服务于发展目标的方法，是对金融企业实行可变的基于资产的准备金体系。帕利（Palley, 2000）提出了一个基于资产的准备金要求的案例，我们对此进行了适度扩展以利用其发展潜力。可变的基于资产的准备金体系有三个主要组成部分。第一，经济中的所有金融企业都需要根据投资组合中不同类型的资产，例如股票、债券、抵押贷款、消费贷款或小企业贷款等，持有不同的准备金。第二，金融监管者根据政府目标，鼓励特定类型的投资，评估诸如与该资产和市场状况相关的风险等多种因素，建立并调整每种资产的法定准备金率。第三，法定准备金存放在中央银行的无息存款账户中。

通过减少或提高与某种资产相对应的法定准备金率，从而降低或提高持有该资产的成本，可变的基于资产的储备为监管者提供了鼓励或劝阻金融机构持有特定资产的手段，既可以锚定部门间的不平衡——某些部门投资过度而其他部门投资不足，也能够利用金融体系为产业政策目标服务（参见第 7.2 节）。可变的基于资产的准备金体系可以通过两种途径降低金融危机的风险。当泡沫出现但未演变为金融危机之前，监管机构可以利用基于资产的准备金，要求抑制特定资产市场的泡沫。该体系还能起到自动稳定器的作用，因为它要求金融机构在资产价值上涨或新型资产创造之际，存入额外的准备金。

国内金融自由化何去何从？

政策制定者可能希望最终实施有限的国内金融自由化计划，尤其是在该国最初的工业化和增长目标实现之后。在这方面，有两点值得注意。

首先，自由化金融市场的成功取决于许多先决条件，其中许多先决条件在发展中国家得不到满足，也不可能轻易或迅速传播。工业化国家的金融史表明，完善的金融和监管基础设施对于自由化金融体系的成功运行至关重要，而这种基础设施无法一蹴而就。新自由主义改革者只在口头上宣称良好治理的概念，转而却急于在发展中国家引入自由化金融体系，这些国家缺乏必要的制度和监管能力以保证自由化的可行性。发展中国家的众多金融危机（加上美国在

19世纪和20世纪初的经历）说明了这一战略的代价。

第二，政策制定者应该对自由化采取保守立场。也就是说，只有当收益明显且不能通过任何其他方式合理实现的时候，才推行自由化。任何与金融自由化相关的收益都必须仔细权衡其成本（即系统性风险、波动性和短期主义的增加，所有这些都会加剧金融脆弱性，从而提高金融危机的可能性）。例如，较之受监管的金融体系，自由化资本市场为初创企业提供了更多资金。但这并不意味着金融自由化是确保向这些企业或经济中其他资金不足部门提供资金的唯一途径。公共投资、贷款目标、税收抵免、专业贷款机构和可变的基于资产的准备金，都是向资金不足部门提供充足资金的其他手段。

特别需要注意两个方面：资本市场的发展和资产负债表外活动。

如果政策制定者重视金融稳定性，那么特别重要的是，他们需要对引入流动性强、国际一体化的资本市场和金融创新的速度加以限制，尤其是涉及表外活动（如衍生品）的创造方面（参见金融创新和第9.3节关于表外活动）。

正如我们已经看到的那样，流动性强、国际一体化的资本市场带来的收益并不明确，反而导致无数显性成本，尤其是对（但不限于）发展中国家而言。因此推动它们的理由相当可疑。即便要促进资本市场，必须投入大量资源来降低风险、缩小其活动范围，并确保金融体系的其他部分（如银行）服务于发展目标。

表外活动（如衍生品）的问题更大了，因为它们完全缺乏透明度，而且带来极高风险。正如我们在9.3节主张的，这些活动在发展中国家不应有存在的空间。

11. 替代性政策 5：宏观经济政策和制度

11.1 汇率和货币政策（currency policies）

术语

可兑换货币是指持有者可以自由兑换任何其他货币，而不论兑换目的或持有者身份如何。在实践中，这意味着中央银行承诺无限制地买进或卖出本国货币（如果汇率由政府设定，则这一承诺延伸到以一个预先确定的价格保证汇率）。

例如，假设你发现自己持有墨西哥货币比索，但你不想用你的比索购买任何墨西哥商品。这并不是问题，因为比索完全可兑换。这意味着你可以用你的比索购买任何其他货币。但是如果你持有不可兑换货币（例如人民币），则你可能无法进行这种交易。只有在某些预先批准的活动类型为下列情况时才能进行交易，即购买外汇许可证（使持有人有权兑换货币）或经中央银行或其他货币当局批准后。

浮动汇率制是指本国货币的价值由市场力量决定的一种制度。

在浮动汇率制下，一国货币需求增加（其他条件不变）导致货币升值。例如，每当外国投资者购买一国的资产时（因为在购买资产之前必须先获得该国货币），对该国货币的需求就会增加。对一国货币需求的下降（其他条件不变）会导致该国货币贬值。每当投资者出售以该货币计价的资产进而出售他们所持有的货币时，对货币的需求就会减少。

浮动汇率制与固定汇率制或钉住汇率制形成对比，在这种制度中，货币的价值是由政府设定的（固定汇率），或者只允许在一个狭窄的范围内浮动（钉住汇率）。"爬行钉住汇率"是指允许货币浮动的幅度根据某些经济条件的变化——例如通货膨胀率的变化——而调整的汇率制度。

一些基本的经验事实

今天，大多数发展中国家有可兑换货币和浮动汇率。目前大多数国际货币基金组织成员国保持可自由兑换货币。最近的报告表明，151个国家（在183个国际货币基金组织成员国中）保持完全可兑换货币。最近的研究报告显示，大约60%的发展中国家保持某种浮动汇率制度（Bird and Ramkishen, 2001）。[1]

---

[1] 注意浮动汇率制和固定汇率制有些许不同。例如，浮动制涉及中央银行对货币市场不同程度的干预。从技术上讲，所谓的独立浮动制最接近于教科书上的一种设想，即在外汇市场的干预力度最小的情况下，由市场决定汇率。管理浮动指的是中央银行干预汇率市场的情况（尽管它不承诺维持货币的特定汇率或范围）。上面的数字是针对独立管理浮动制的国家。

关于发展中国家汇率制的确定存在一些争议。这一争议源于以下事实：政府（甚至国际货币基金组织）经常将某些制度确定为浮动的，因为事实上政府已知可以积极地暗中管理汇率（见Calvo and Reinhart 2002）。

货币兑换的新自由主义观点

货币兑换对促进国际贸易和私人资本流动至关重要。

货币兑换对于发展中国家来说至关重要，因为外国投资者如果将通过国际贸易和投资赚取的任何货币进行兑换时受到限制，他们将不太愿意向一个国家提供资金。限制货币兑换会导致浪费和腐败，因为个人和企业会投入资源来规避兑换限制（例如，贿赂当局颁发非法外汇许可证）。

汇率制的新自由主义观点

浮动汇率制是所有发展中国家应该争取的理想之选。

浮动汇率制度之所以是最优制度，是因为它能最大限度地发挥市场力量，从而提高经济效益和经济纪律。在浮动汇率制中，一国货币的价值可以提供有关该国经济状况的重要信息。一个货币升值的国家会获得投资者的信心（从他们购买国内资产就可以看出）。一个货币贬值的国家是投资者不太看重的国家。

浮动汇率也消除了投机者"押注"政府会被迫改变汇率或钉住汇率范围的可能性。这种类型的投机常常导致政府大幅贬值其钉住货币的汇率。在一些情况下，钉住汇率制甚至因这种对货币的强烈投机而崩溃。

与固定汇率或钉住汇率相比，浮动汇率促进了更大程度的金融稳定。这是因为投机者没有理由考察政府对维持特定货币价值的承诺。

在某些情况下，极端的固定汇率制，例如货币委员会制甚至是货币替代制，都是与浮动汇率相比的次优选择。

浮动汇率并不总是可行的。下述情况可能会如此：如果经济太脆弱以至于不能承受与浮动汇率相关的货币波动；如果国内外投资者因货币危机或高通货膨胀的先前经验而高度重视货币的稳定性和可预测性，或者如果不能相信货币当局会放弃干预外汇市场。在浮动汇率不可行的情况下，可能需要极其僵化的固定汇率制，例如货币委员会制甚至是完全的货币替代。

货币委员会制是一种政治上绝缘的制度，负责保证本国货币可按需求完全兑换，并以固定汇率无限制地兑换成外汇储备货币。固定汇率由储备货币的持有量来保证，通常是一种强势的外汇，如美元或欧元。只有当通过出口销售或外国投资进入导致储备货币持有量增加时，货币委员会才发行额外的本国货币。

完全货币替代需要用强大的外币合法取代本国货币。这种策略有时被称为美元化，因为美元是完全货币替代协定中最常用的货币。

换句话说，只有"极端"汇率制（在学术文献中称为"角点解"）才是可行的。汇率连续性的一端是理想的浮动利率；另一端是包含货币委员会制或货币替代的次佳的极端固定汇率。浮动汇率和极端固定汇率之间的汇率制（称为"中间制度"——相当宽泛的货币钉住或爬行汇率制）注定会失败。[①]

一些国家需要与货币委员会制相关的准则和信誉。

货币委员会制具有几点可取之处。它们保持汇率稳定，从而防

[①] 角点解思想在当今新自由主义者中广泛存在（例如Fischer, 2001）。但是，有一些新自由主义者反对角点解的想法。例如Williamson 2002对折中汇率制提出了有说服力的辩护。

止货币危机。它们通过对增加国内货币供应的环境设置严格的条件来防止高通胀。最后，货币委员会制通过解决货币和价格波动问题，并将政策委托给那些能够剥夺腐败或无能政客对国家货币的影响力的机构，从而促进外国投资和信心（另见第 6 章和下文第 11.2 节关于代表独立中央银行的类似论点）。

如今，货币委员会制在百慕大、保加利亚、波斯尼亚和黑塞哥维那、开曼群岛、吉布提、爱沙尼亚、福克兰群岛、法罗群岛、直布罗陀、中国香港和立陶宛运作。

对于一些国家来说，即使是货币委员会制也没有提供足够的准则和信誉。在这些情况下，完全货币替代也是必要的。

每当不能相信政府遵守货币委员会制的运作独立性，或者政策制定者寻求达到汇率稳定和国际信誉的最快捷途径，那么完全货币替代就优于货币委员会制。截至 2001 年，有 23 个国家维持完全货币替代，而有 14 个国家维持部分货币替代。维持完全货币替代的国家包括厄瓜多尔、萨尔瓦多、巴拿马、北塞浦路斯和英属维尔京群岛；维持部分货币替代的国家包括柬埔寨、利比里亚、危地马拉、纳米比亚和塔吉克斯坦。部分替代是指将本国货币与使用得更为广泛的外币一起流通的情况。

拒斥新自由主义对货币可兑换性的观点

不受限制的货币可兑换性可能会造成货币贬值和崩溃、资本外逃和金融不稳定性。相反，限制兑换可以减少这些问题。

从金融稳定的角度来看，维持无限制的货币可兑换性是非常成问题的(参见Grabel 2003a)。投资者不能在各国之间自由转移资金,除非他们能够轻易地将资本从一种货币转换为另一种货币。但是,货币兑换的做法和以本币计价的资产突然退出,使得发展中国家的货币面临贬值的压力。正如我们在第9章(特别是第9.3节)所看到的那样,货币突然大幅贬值可能引发进一步贬值、资产价值下降和金融危机的恶性循环。

相反,不可兑换的货币不会承受突然贬值的压力,因为首先,投资者要获得这种货币存在着巨大的障碍。此外,即使投资者能够获得货币(或以该货币计价的资产),他们清算这些资产的能力最终也会受到限制。因此,货币崩溃(由投资者突然大规模退出所引发)的可能性很小,因为货币无法受到攻击。对可兑换性的限制越强,投资者突然退出所造成的货币急剧贬值的空间就越小(最终货币崩溃的范围越小)。当然,也可以看出,对可兑换性的限制越大,维护这些限制的相关成本就越高。这种成本可能包括建立货币黑市或为获取外汇许可证而贿赂。然而,与限制货币可兑换性带来的金融稳定的好处相比,这些成本(就其发生的程度而言)是微不足道的。

限制货币可兑换性也可以遏制资本外逃。限制可兑换性可以有效地阻止外国投资者购买那些最容易外逃的国内资产(例如证券投资),因为这些资产不能轻易兑换成本国货币。从某种程度上说,这些限制并没有阻止外国投资者首先购买可能会外逃的资产,但它们削弱了他们清算这些投资并将收益带出该国的能力。可兑换性限制也降低了国民将财富转移到国外的能力,因为他们将本国货币兑换成其他货币的能力受到限制。因此,限制货币可兑换性降低了经济因货币贬值和国内外投资者资本外逃的恶性循环而不稳定的可能性。

请注意,限制可兑换性使政府有机会为优先部门(符合产业政策计划;参见第7.2节)分配稀缺的外汇。

世界上大多数工业化国家在经济强劲稳定之前并没有维持货币不受限制的可兑换性,因此可以承受货币波动的压力。

今天发展中国家采用货币无限制自由兑换的趋势与第二次世界大战后货币兑换率很低的时期形成鲜明对比。那时,只有美国和其影响范围内的四个国家(即萨尔瓦多、危地马拉、墨西哥和巴拿马)保持货币不受限制的可兑换性。实际上,西欧国家和日本甚至直到1959年和1964年间才分别采取了有限的可兑换性。缓慢转向无限制货币兑换的决定是出于担心这些战争削弱的经济体无法承受资本外逃带来的货币压力。

相比之下,发展中国家在发展过程中比西欧和日本更早地采取了无限制的货币兑换。货币政策的这种变化反映了新自由主义的主导地位和金融界与国际货币基金组织对发展中国家政策的影响。

如今对货币兑换的限制在促进如中国、印度和中国台湾等经济成功地区的金融稳定方面发挥着重要作用。

当今的一些发展中国家仍然限制货币的可兑换性。其中的一些地区(中国、印度和中国台湾)对外国投资者颇具吸引力,在国际贸易方面表现出色,最重要的是,基本上不受1995年墨西哥金融危机和1997年亚洲金融危机的影响。限制货币可兑换性(再加上其他金融管制)保护了这些国家避免货币崩溃的可能性,并尽量减少了资本外逃的机会。正是由于这种有限的可兑换性，中国、印度和中国台湾的投资者在墨西哥和亚洲金融危机期间没有出现恐慌，因为他们几乎没有理由担心货币和/或资产价值的崩溃。

例如在中国，人民币对于一种特定类别的交易是不可兑换的，这种交易即与外国人以外国直接投资或间接投资形式购买或出售国内资产有关的交易。用国际收支会计的语言来说，这意味着这种货币在资本账户交易中不能自由兑换。资本账户交易被单独列出，因为它们可能给经济带来特别高的金融风险（并且因此可能使经济易受金融危机影响）。但是，凡涉及国际货物贸易的交易，以及涉及将对外投资所得利润汇回国内的交易，均可兑换人民币。这就是所谓的经常项目可兑换性。[1]对货币可兑换性的限制使中国在亚洲金融危机期间免受了导致许多经济体崩溃的困难。实际上，随着亚洲金融危机的爆发，中国当局加强了对可兑换性和其他资本管制的执行力度。

人民币可兑换性限制意味着储户无法合法使用持有的本国货币购买以外币计价的金融资产（例如美国国债或日本企业股票）。对可兑换性的限制也防止了外国的和中国的投机者因怀疑人民币被高估、可能下跌而采取行动。只有当买方能够证明有与贸易、旅游、偿还已批准的外币贷款或将外国直接投资获得的利润汇回本国相关的需求时，才能获得外汇交易。同样，外汇"期货市场"[2]的准入仅限于

---

[1]　自1996年12月以来，中国的货币已经可以通过经常账户兑换。西欧和日本的货币在第二次世界大战后的大部分时期只能按经常账户兑换。

[2]　在货币期货市场中，个人或企业可以按照今天达成的价格购买特定数量的外币而在未来某一特定日期交付的承诺。

那些有国际贸易需求证明文件的交易。中国政府还通过许可证和执照要求严格控制外国人获得货币。

印度货币也只能用于经常账户交易。[①] 禁止居民之间的离岸卢比交易和美元交易。个人和企业获得外汇的渠道(尤其是非必要用途的外汇)由中央银行严格管理。台湾当局控制外币的使用权并限制以本币计价的衍生品的使用。与中国因对稳定的担忧而采取的汇率政策一样,印度和中国台湾对货币可兑换和/或货币准入的限制也是出于对稳定的担忧。

仅仅限制货币可兑换性本身并不能保护中国、印度和中国台湾免受亚洲危机的影响。但这些限制的确降低了这些经济体所面临的风险(以及投资者对其的看法)(另见第9章和第10章中关于互补性资本和金融管制的讨论)。值得注意的是,一些国际货币基金组织的工作人员最近对可兑换性和资本管制的研究得出结论,中国和印度对可兑换性的限制与其他金融管制对这些经济体在亚洲金融危机期间的表现起到了一定的作用(Ariyoshi et al. 2000)。报告进一步指出,尽管存在一些规避和效率降低的情况,但金融管制的稳定效益仍然存在。

其他发展中国家如韩国,在20世纪80年代末开始实行金融自由化之前,限制了货币的可兑换性。在经济高速增长时期,限制货币兑换(加上有管理的汇率和其他金融管制)是韩国经济表现强劲、金融稳定的重要因素。

---

① 1994年,印度货币在经常账户上可以兑换。

新自由主义通常关注限制可兑换性的高昂成本。例如，他们经常辩称，限制可兑换性可能会导致黑市、腐败和/或对贸易交易的虚假信息。但他们忽视了这样一个事实：用于这些浪费性活动的资源与在自由金融环境中经常发生的货币投机所浪费的资源相比，显得微不足道。而且，金融不稳定和危机的经济社会成本往往比可兑换性限制的经济成本大得多。

拒斥新自由主义对汇率制的观点

浮动汇率制下经常发生的货币价值的突然大幅变化给发展中国家带来了严重的代价。

在我们看来，大多数发展中国家无法承受浮动汇率带来的货币（和整体金融）不稳定。在浮动汇率制下，投资者大规模、突然退出将导致货币贬值。货币贬值和投资者外逃的恶性循环在维持浮动汇率和完全可兑换货币的发展中国家太常见了（另见第9章）。除了金融不稳定的问题之外，货币的大幅贬值增加了偿还外债的成本，而这些外债的大部分需要以外币偿还。货币贬值还会提高进口商品的成本，其中一些商品可能是必不可少的，比如药品和食品。

正如我们在第9章中看到的那样，在浮动汇率制的背景下，突然的大量资本流入可能与大量资本外流一样成问题。出口部门净出口业绩和失业的恶化，可能是由于突然的大量资本流入引起的货币升值所造成的。

货币委员会制和货币替代远不是浮动汇率的次优替代方案。实际上，这些替代方案很少被选取。

新自由主义忽视了货币委员会制和货币替代带来的严重的、不可接受的经济、政治和社会成本（参见Grabel 2003c）。我们依次考虑这些成本。

首先，货币委员会制会阻止经济政策的自由变动，会束缚货币和财政政策制定者的手脚。当国民经济环境恶化（如失业率上升或经济活动放缓）需要采取扩张性政策时，在货币委员会制规则下的决策者却不能实施扩张性的货币和/或财政政策。从新自由主义的角度来看，这可能是一件好事，因为这意味着腐败或无能的政府官员不能利用扩张性政策来获得政治上的支持。然而，在我们看来，消除通过自由裁量的经济政策来纠正经济和社会问题的可能性既不负责任也不明智（参见下文11.2节中独立中央银行的类似讨论）。此外，货币委员会制的国家会"进口"其货币绑定国的货币政策。很难想象，像美国这样的工业化国家的货币政策是否适合发展中国家的经济条件。此外，由于两国宏观经济状况的差异，美国可能会在发展中国家需要扩张性货币政策的时候采取紧缩性货币政策。

其次，货币委员会规则强化了宏观经济政策中的收缩性和新自由主义倾向。货币委员会的操作规则规定，只有在外汇储备增加后，国内货币供应才能增加。国内货币供应量的扩大是基于一个国家在国际市场上销售商品或金融资产的能力。因此，根据货币委员会的规定，货币供应的增加与出口增加、资本流动自由化和增强投资者信心的努力是否成功有关。货币委员会规定，只有在新持有的外汇储备货币的支持下，才能印刷新货币，从而促进政府开支削减。注意这一限制也支持私有化计划，因为它阻止中央银行向无利可图的国有企业提供援助。

具有货币委员会的国家常常经历严重的衰退、高失业率和社会苦难。这些结果很大程度上源于货币委员会的紧缩政策倾向。阿根廷货币委员会的限制可能暂时解决了该国的高通货膨胀问题,但这一"成就"带来了无法接受的经济和人力的高成本。阿根廷四年的经济衰退、社会动荡和政府垮台,在很大程度上都是与货币委员会相关的高度限制性政策以及政府最终未能挽救它的结果。

第三,货币委员会规则使国内贸易表现受制于储备货币的表现。这是因为本国货币的价值与外汇储备货币(或多种货币)的价值挂钩。阿根廷的贸易表现受到与其货币挂钩的美元强劲表现的严重影响(直到2002年2月)。

第四,所有货币委员会都受到最高程度的政治隔离。我们认为,将汇率管理授权给一个政治上孤立的机构,是民主和政治问责制的重要组成部分(另见第6章和第11.2节)。这尤其引起争议,因为汇率政策能够而且确实会产生巨大的分配效应。因此,负责汇率管理的机构必须对当选的政府官员负责,从而对选民负责。

最后但同样重要的是,货币委员会制并没有达到支持者代表所提出的最基本要求。也就是说,货币委员会并不阻止针对本国货币的投机行为。阿根廷最近的经验清楚地表明,货币委员会制不会保护发展中国家免受与其货币投机相关的金融和经济崩溃。

我们的结论是,货币委员会制对发展中国家毫无用处,因为它们未能阻止针对本国货币的投机,并导致严重的经济和政治代价。

完全货币替代比货币委员会制更成问题。

完全货币替代会引发与货币委员会有关的所有经济、政治和社会问题。完全的货币替代会削弱国家的财政能力。采用完全货币替代的政府不仅失去了通过印钞来为支出融资的能力，而且还承担了为获得替代本国货币的外币的成本。这些成本很难计算，尽管一些研究试图这样做。例如，维尔德和维拉修图（Velde and Veracierto, 2000）估计，阿根廷完全美元化将花费6.58亿美元，相当于每年GDP的0.2%。

货币替代甚至消除了发展中国家决策者应该被允许行使任何政策自主权的假象。货币替代通过消除本国货币而牺牲了国家身份和独立性的强大象征。坦率地说，后一种属性使得货币替代（甚至货币委员会）成为一种与早期殖民主义极为相似的战略。

管理汇率制在许多国家的发展进程中发挥了重要作用。

管理汇率制是指本国货币的可兑换性在一定程度上受到限制的汇率制。钉住汇率是一种管理汇率制。在钉住汇率制下，中央银行干预货币市场以维持汇率在一个预先设定的、公开的范围内。重要的是，必须承认，钉住汇率只有在伴随着资本管制的情况下才能持续。这是因为大量的国际资本流入或流出使得当局很难在预定范围内维持钉住汇率。

新自由主义者宣布钉住汇率制度在遭受亚洲危机的国家崩溃之后宣告死亡。但他们忽略了一点，那就是在韩国、马来西亚和印度尼西亚，直到上世纪80年代末和90年代初，当局在金融自由化的背景下开始放弃资本管制之前，钉住汇率制一直发挥着极其良好的作用。这些国家在快速增长期间实现了出口导向型增长和金融稳定，货币挂钩在其中发挥了重要作用。在20世纪90年代的大部分时间里，智利在严格控制资本流入的支持下维持了爬行钉住汇率制。与几个亚洲国家一样，钉住汇率制支持了出口导向型增长战略，并增强了金融稳定。

同样重要的是，要认识到工业化国家的政策制定者在第二次世界大战后所面临的经济挑战的背景下认识到货币挂钩（由资本管制支持）的价值。直到1976年，工业化国家才正式决定放弃战争结束后使用的钉住汇率。在第二次世界大战后的近三十年中，工业化国家受益于钉住汇率（和严格的资本管制）所带来的货币稳定。并且甚至在"二战"后的货币挂钩制度崩溃之后，欧洲国家建立了欧洲货币体系，其中的核心部分是钉住汇率制度。

关于货币可兑换性的替代性政策

有多种方式可以管理货币可兑换性。

近期中国、印度和中国台湾的经验，再加上大多数工业化国家的历史经验，说明了限制可兑换性的益处。许多发展中国家最近发生的金融危机突出说明了过早采用完全可兑换的问题。

历史和当代经验表明，可以通过多种手段管理货币兑换。政府可以通过要求那些寻求获得货币的人申请外汇许可来管理可兑换性。这种方法允许当局影响货币兑换的速度，并根据与交易相关的货币和金融风险程度区分交易。每当绊线显示早期出现的漏洞时，政府可以暂停或放宽外汇许可来作为一种减速行为（见第9章）。

如我们所见，政府还可以维持选择性货币兑换，如使货币只可兑换于经常账户交易。[①] 重要的是要注意，国际货币基金组织的协议条款（特别是第8条）允许这种选择性的可兑换性。

最后，政府可以减少（但不是消除）非居民通过控制货币准入对本国货币进行投机的可能性。这可以通过防止国内银行向非居民贷款和/或防止非居民在该国维持银行账户来实现。在亚洲金融危机之后，马来西亚政府正是采取了这些措施。它通过限制银行贷款和银行账户维护并宣布在该国境外持有的货币不可兑换，来限制外国人获得本国货币。

关于汇率制的替代性政策

如果资本管制也到位，那么可调整的钉住汇率制就可以支撑出口主导的增长和金融稳定。

在一些钉住汇率制中，货币波动的范围是非正式的和/或不为公众所知的。与我们对问责制和透明度的支持一致，我们建议货币挂钩应该是一个周知的问题。我们也认为要有良好的经济理由来创建机制，其中钉住汇率可以适度调整，以适应经济形势的需要（例如通货膨胀率的变化）。

史密斯（Grieve Smith, 2002）提出了一个可调整钉住汇率制的建议，他认为中央银行应该经常性地定期检查钉住汇率（比如每月），以便通过中央银行的干预来启动汇率的小幅调整。他还辩称

[①] 这种选择性货币可兑换的目标也可以通过双重汇率制来实现。双方都试图保护贸易商品部门免受货币投机造成的货币不稳定性。

钉住汇率的调整应该是自动的和迅速的。频繁的、适度的和自动的调整，可以最大限度地减少针对钉住汇率的投机活动造成的不稳定。在缺乏这种调整框架的情况下，由于外汇市场干预时机和程度的不确定性，投机压力可能会加剧。

总而言之，发展中国家和工业化国家钉住汇率的历史成就以及发展中国家货币波动的经济和社会代价，为可调整钉住汇率制度提供了证据支持。如上所述，任何钉住汇率制的可持续性取决于资本管制的存在（见第9章）。

11.2 中央银行和货币政策

术语

中央银行负责执行国家的货币政策。货币政策是指影响货币供应和市场利率的政府行为。中央银行使用各种工具来实现这些目标，例如在公开市场购买或出售政府债券，或者改变它向其所贷款的单个银行收取利息的利率。在利率代表信贷成本的情况下，货币政策对投资和支出水平有重要影响，从而影响价格水平和经济增长率。

中央银行治理的新自由主义观点

中央银行必须独立于政府，使其免受选举政治变迁和压力的影响。只有经过适当训练、被委任的、无党派的技术官僚才特别适合设计和实施符合国民经济利益的货币政策。这是因为他们不必为了保住自己的工作而迎合选民（或部分选民）。如果中央银行受制于政治压力，自私自利的政治家或政府官员将实施不负责任的扩张性（即低利率）货币政策以获得政治支持。政府还可以指示他们"印钞"（或通过其他手段增加国内货币供应量）来为新的政府支出融资（参见下文第11.3节）——这被称为政府赤字的"货币化"。经济的长期表现最终会为推行此类政策的政治决定付出代价。

货币政策的新自由主义观点

物价稳定应是货币政策的首要目标。

反通货膨胀的货币政策最有利于国民的长期经济利益。这是因为反通胀政策具有促进储蓄、贷款和投资的独特能力。银行只有在确信其回报不会因贷款期限内的价格上涨而受到影响时，才会发放中长期贷款。外国和国内投资同样依赖于这样一种预期，即通胀不会影响投资项目整个生命周期的回报。

此外，只有当国内居民确信通货膨胀不会侵蚀他们的储蓄回报，并预计消费品价格将保持稳定时，他们才会将存款留在国内银行。如果国内居民担心通货膨胀，他们就会把储蓄存放在国外（只要资本管制没有阻止他们这样做），并在预期未来物价上涨的情况下囤积商品。

自20世纪90年代以来，发展中国家的政策制定者正确地采取了央行独立和通胀目标制的措施。

十多年来，政策制定者一直在采取措施提高现有央行的独立性，或在以前不存在的地方(如前社会主义国家)创建独立的央行。推动这些改革的因素既有央行独立的理由得到广泛接受,也有国际货币基金组织的结构调整计划(SAPs),后者往往明确地将财政和技术援助与央行改革联系在一起。例如,在1999年2月至3月与巴西的谈判中,国际货币基金组织向政府施压,并得到政府保证将加强巴西央行的自主权。增加中央银行的独立性也是国际货币基金组织1997年12月对韩国的援助和2001年4月对土耳其的援助所附带的先决条件之一。

对独立央行的操作方法采取限制措施,增强了它们推行反通胀政策的可能性。例如,SAPs通常包括中央银行不能货币化政府预算赤字的限制,也就是说,不发行新货币来为预算赤字融资。

另一个日益普遍的央行操作的制约因素是通货膨胀目标制的实践。在通货膨胀目标制中,中央银行的首要目标是管理货币政策,使通货膨胀率在特定的时期内不超出预先确定的、已公布的范围(通常约为2%至3%)。目前,11个发展中国家(即巴西、智利、哥伦比亚、捷克共和国、匈牙利、韩国、墨西哥、秘鲁、波兰、南非和泰国)采取了某种形式的通货膨胀目标制。其他国家(如菲律宾)也在朝着这个方向发展。

拒斥新自由主义对中央银行治理的观点

独立的中央银行不追求符合广泛国家利益的"中性"的、无党派的货币政策。

与新自由主义者的主张相反,独立的中央银行(像所有的政策制定机构一样，不管它们的治理结构如何）的运作符合一些群体的利益，而违背其他群体的利益（Grabel 2000）。从结构上讲，独立央行倾向于维护金融界的利益——一个低通胀对其至关重要的利益集团。虽然还有其他利益集团也受到通货膨胀的损害（如靠固定收入生活的人，如养老金领取者），但是金融界的经济利益受到通货膨胀的损害最直接、最深刻。因此，毫不奇怪的是，金融界（一个流动性强、政治力量强大、国际关系牢固的团体）如此强烈地提倡央行独立性，而央行独立性是一种能够最大限度地利用符合自身利益的货币政策机会的制度形式。

请注意，工业界和出口导向型厂商（以及他们企业中的雇员）不像金融家那样痴迷于通过限制性货币政策防止通货膨胀。工业家经常因利率上升导致的借贷成本上升而受到损害。此外，出口导向型厂商也经常受到国内货币升值所造成的利率上升的损害（参见上文第9.1章和第11.1节）。因此，独立央行所追求的货币政策的分配效应远非中性。

新自由主义在口头上对民主、透明度和公共问责的拥护，与其支持将货币政策委托给不秉持这些原则的机构的现实做法格格不入（另见上文第11.1节和第6章对货币发行委员会制的讨论）。独立的中央银行与民主治理原则不相容，特别是因为货币政策具有如此深远的分配和宏观经济效应。

经验证据表明，提高中央银行的独立性并不能降低发展中国家的通货膨胀并改善宏观经济表现。

考虑到新自由主义者对独立央行的反通胀表现的重视，关于这一主题的大量实证文献没有明确支持这一说法,这是很奇怪的。大量实证研究的结果表明,发展中国家的中央银行独立性和反通货膨胀结果之间没有明确的联系(Eijffinger and de Haan 1996)。此外,经验证据表明,中央银行独立性与较高的经济增长率或就业率(Eijffinger and de Haan 1996)、金融稳定(因为在独立中央银行存在的情况下,往往发生信贷过度增长、股票和房地产价格通胀)、预算平衡或中央银行降低财政赤字货币化的趋势无关(Sikken and de Haan 1998)。

一些分析人士认为,中央银行的独立性是吸引外资流动的必要条件,而目前外资流动对发展中经济体非常重要(Maxfield, 1997)。但是,这里的经验证据也是模棱两可的。外国投资者很难评估中央银行的实际操作独立性(因为这往往与其法律独立性不同)。同时,外国投资者也非常愿意投资那些没有独立的中央银行的国家(例如危机之前的许多东亚国家、俄罗斯、中国等),因为其增长前景和/或投机机会依然很具吸引力(另见第9.4节)。

嵌入式的、政治上负责任的央行能够而且确实在许多国家发挥了重要的发展作用。

历史记录清楚地表明,与一个国家的发展和社会福利目标一致的中央银行在几乎所有工业化国家的发展经验中都发挥了关键作用。我们可以将此类央行视为"嵌入"在它们所存在的社会中。这并不奇怪,因为正如我们所看到的,大多数成功的发展经验都与金融(通过各种手段)隶属于经济发展目标有关(见第9.2—9.3和第10章以及上文第11.1节)。

日本和大多数欧洲大陆国家的中央银行都在工业化过程中发挥了关键作用。在这些例子中，中央银行直接将补贴信贷作为产业政策计划的一部分导向经济的战略性部门，或协调银行系统调配信贷配给和价格（分别见第7.2节和第10章）。政治上负责任的央行曾是欧洲的常态，直到上世纪90年代的货币一体化运动让新自由主义者在塑造欧洲货币改革方面占据了优势，尤其是通过创建政治上孤立的欧洲央行。

上世纪90年代以前，在大多数发展中国家，嵌入式、政治上负责任的央行也是一种常态。例如，大多数成功的东亚国家的政策制定者严格限制中央银行的作用，并将其视为政府增长计划的重要合作伙伴，而不是作为价格和货币价值的旁观者。

拒斥新自由主义对货币政策的观点

对通货膨胀的痴迷是误导性的，导致了破坏经济增长的货币政策。过度警惕通胀的代价极高，我们认为这是不可接受的。对通货膨胀的执著导致货币政策对生活水平和经济表现（有关工业活动、就业和经济增长）造成重大代价。此外，这一战略的经济效益也不明确。大量实证研究表明，适度的通胀水平（根据研究结果，从10%到40%不等）对经济增长几乎没有成本。这些研究发现，只有在通货膨胀非常高的水平（即每年通货膨胀率超过40%）时，才会带来通货膨胀的经济代价。值得注意的是，这一结论得到了新自由主义经济学家、通胀鹰派人物巴洛（Robert Barro, 1996）的认同。他发现，适度的通胀水平（他将其定义为每年10%至20%的通胀）

对经济增长的成本较低,而每年10%以下的通胀水平对经济增长没有负面影响。

其他实证研究的结果也支持这些发现。例如,世界银行最近关于1960年至1992年127个国家通货膨胀与经济增长之间关系的研究得出结论,低于20%的通货膨胀率对于长期经济没有明显的经验显著性(Bruno 1995)。该研究进一步发现,当通胀率接近20%至25%时,平均增长率仅会略有下降。世行的研究结论是,当一国从三位数范围内的通货膨胀率变为每年20%的通胀率时,就会收获经济增长红利。[①] 爱泼斯坦(Epstein, 2001)发现,对于半工业化国家来说,适度的通货膨胀率(他定义为每年通货膨胀率低于20%)对经济增长、投资和外国直接投资的流入没有明显的影响。最后,布鲁诺和伊斯特立(Bruno and Easterly, 1996)发现适度的通货膨胀(他们定义为每年15%—30%的通货膨胀率)可以持续很长一段时间,而不会造成严重的经济成本。作者以哥伦比亚为例说明了这一点。

我们对经验证据的简要回顾清楚地表明,发展中国家对通货膨胀的高度警惕是不必要的。最近对美国的一项研究表明,这种高度警惕会给经济增长带来一些代价。它估计,通货膨胀率从3%上升到10%将损失美国GDP的1.3%左右,而将通货膨胀率从10%降至3%的产出损失将导致约为GDP的16%的产出成本(Walsh cited Epstein 2001)。同样,许多发展中国家在通货膨胀严重的情况下,经

---

① 世界银行的研究认为,温和的通货膨胀在经济上代价并不高,但问题仍然存在。这是因为温和的通货膨胀会诱使政策制定者发展出一种"通货膨胀习惯",这种习惯可能导致未来成本高昂的通货膨胀。但是,这项研究没有提供这种说法的证据。

济增长却取得了惊人的增长。例如，在20世纪50年代和60年代，拉美国家既保持了两位数的通货膨胀，又保持了强劲的经济增长。在此期间，巴西是一个高增长、高通胀国家的例证。日本和韩国在20世纪60年代和70年代也以相对较高的通货膨胀率快速增长——这些国家的通货膨胀率约为20%，高于许多拉美国家。[1]

关于中央银行治理的替代性政策

在政治上嵌入和负责任的中央银行，应该像在许多国家一样参与国家经济目标。

在政治上嵌入和负责任的中央银行对经济发展的贡献在很大程度上取决于该国政策制定者的技术能力、政府国家发展战略的整体稳健性，以及该国政策制定者执行该战略的能力，并确保金融系统在实现其经济目标方面发挥合作作用。

中央银行对政府的责任不应低于对国家经济和社会福利有重要影响的其他机构。应该为货币政策制定明确、透明的目标（见下文），中央银行应该与政府合作以实现确定的发展目标。

关于货币政策的替代性政策

在政治上嵌入和负责任的中央银行应负责推行促进经济增长、

---

[1] 20世纪60年代，韩国的通货膨胀率高于委内瑞拉（1.3%），玻利维亚（3.5%），墨西哥（3.6%），秘鲁（10.4%），哥伦比亚（11.9%），并不比阿根廷（21.7%）低很多。在20世纪70年代，韩国的通货膨胀率高于委内瑞拉（12.1%），厄瓜多尔（14.4%）和墨西哥（19.3%），而且也不比哥伦比亚（22.0%）或玻利维亚（22.3%）低很多。见Singh 1995：表5列出了进一步的数据。

就业和社会福利目标的货币政策。

借鉴新自由主义的经验,货币政策应该有目标。但货币政策目标不应该集中在通货膨胀上,而应该包含更广泛的经济和社会福利目标。就此而言,货币政策目标可以寻求促进经济增长、就业和公平。只有在符合这些更广泛的目标的情况下,才能防止高通货膨胀率的发生。

11.3 财政政策

术语

财政政策是指政府对收入和支出采取的行为。政府收入来源于税收(如所得税、销售税、增值税和关税)以及其他收入来源,如来自国有企业或政府拥有的资产(像土地或股票)的利润。政府支出包括经常支出(如政府雇员的工资和社会保障支付)和资本支出(如道路投资和计算机的购买)。

支出政策的新自由主义观点

发展中国家的政府无力维持高水平的支出。

发展中国家过度的政府支出源于其经济政策高度政治化的本质。政府官员购买政治支持,并通过针对重要群体的支出计划来回报惠益。过度支出是一个非常严重的问题(事实上,它比税收不足严重得多),因为财政挥霍会带来和/或加剧一些社会经济问题。

首先，政府对社会项目的支出可能会产生不正当的激励措施。例如，失业救济金的存在会削弱寻求就业的动机。其次，政府支出本身就是浪费和低效的，因为支出决策不受市场纪律约束，并经常被追逐私利的官员的腐败行为所扭曲。相比之下，个人和企业的私人支出本质上是有效的，或者至少比公共支出低得多。第三，过度的政府支出导致或加剧了预算赤字。

预算赤字造成通胀压力，削弱投资者信心。预算赤字会引发通货膨胀，因为它们会增加经济中的需求水平，而且中央银行为了将预算赤字货币化，往往会增加货币供应（见上文第11.2节）。更重要的是，预算赤字所必需的政府借款阻碍了私人投资，或者用学术术语来说，挤掉了私人投资。由于政府对贷款需求的增加对利率造成了上行压力，导致许多私人借贷者被挤出市场。

过度支出是问题所在；财政紧缩是解决之道。

为了解决发展中国家的支出问题，这些国家的政策制定者必须学会或被迫实行财政紧缩。因此很适当的是，大幅度削减开支是为换取国际货币基金组织援助而授权改革的共同组成部分。在某些情况下，当投资者有理由怀疑政府的决心时，甚至有必要通过外部实施的财政目标来确保采取审慎的政策。2001年7月，阿根廷政府实施了一项广为宣传的零赤字法律（现在不幸被废除），该法要求联邦政府将支出限制在可用的收入范围内。作为这一承诺的交换，国际货币基金组织于2001年8月向其提供了80亿美元的一揽子援助方案（一旦明确政府不履行零赤字法的义务就自然撤回）。

收入政策的新自由主义观点

发展中国家的税收制度受到逃税问题的困扰。发展中国家也倾向于严重依赖扭曲的税收形式，比如关税。

发展中国家在联邦和地方各级征收企业税、所得税和财产税方面面临严重问题。因此，发展中国家必须依赖国际贸易税（即关税），它与企业税和所得税相比，在管理上更加难以逃避。的确，关税对总税收的重要性区分了发展中国家与工业化国家：根据最近的一项研究，发展中国家贸易税占GDP的比率为5.13%，而工业化国家的这一比率为0.72%。[①] 一般来说，贸易税在总税收中的重要性与一国的财富呈负相关：例如，在发展中国家中，非洲大陆的贸易税占GDP的比重最高。

但是，通过贸易而不是所得税或企业税来提高税收是一个非常棘手的问题，因为贸易税给经济带来了各种扭曲和低效率。（参见第7.1章讨论关税的内容）。

税收改革必须着眼于减少逃税。

鉴于上述税收问题，发展中国家必须加强税收征管。

通过建立政治上独立的财政当局，可以提高税收和政府支出的效率（参见如Mas 1995）。（参见上文第11.1和11.2节，分别讨论了货币委员会制和独立的中央银行。）然而，必须指出的是，独立财政委员会的成功取决于许多因素，例如，他们的独立性在实践中是否能得到维持、其工作人员的能力，以及这个新机构的资金来源

---

① 请注意，第11.3节中提到的所有数据（除非另有说明）均来自Toye 2000。

（World Bank 2002：ch.5）。[1] 增值税制度（VAT）也可以提高税收水平，而且这比其他类型的税收更难规避。然而，增值税的成功与否也取决于该机构管理它的能力。

拒斥新自由主义对支出政策的观点

新自由主义者提倡的支出削减模式损害了生活水平，并且影响了当前和长期的经济活动。[2]

在每次金融危机发生之后，国际货币基金组织都要求在一系列领域削减支出。数据显示，财政紧缩最常见的领域是社会支出（包括医疗保健和教育）以及工农业发展、电力、交通和通讯方面的支出。这些削减对社会状况和穷人及中产阶级的生活水平造成了灾难性的影响，并导致了严重的经济衰退，危及经济的长期表现。总开支减少的很大一部分落在那些政治和经济力量最弱的群体身上，这一事实并不令人意外（尽管仍旧悲惨）。危机发生的时候，正是政府最需要在社会项目上支出，以及政府对工业、农业和基础设施支持的时候。此外，对工业、农业和基础设施方面的开支削减特别没有远见，因为这些支出对长期经济表现至关重要。

根本没有证据支持这样一种观点，即私人部门的支出将在危机期间取代政府支出——实际上，私人部门支出的收缩是一种可能性

---

[1] Alan Blinder（1997），美国著名经济学家，美联储前理事会副主席，呼吁在美国创建独立的财政当局。Eichengree, Hausmann, Von Hagen（1999）提出在拉丁美洲创建政治问责的国家财政委员会。

[2] 关于支出减少的构成和新自由主义改革对财政不平衡的贡献，下面的许多论点很大程度上依赖Toye 2000。

大得多的情况。事实上，就连国际货币基金组织也不得不承认，在上世纪90年代末的金融危机发生之后，亚洲经济体被迫削减支出（以及紧缩货币政策）的力度过大。许多亚洲国家在危机后实行的紧缩政策导致了相当严重的社会混乱、政治不稳定以及整体经济活动的急剧减少。

对预算赤字的痴迷掩盖了一些造成失衡的真正原因——即追求新自由主义议题的某些方面。

新自由主义者没有认识到，他们促成的一些政策加剧了预算赤字。例如，贸易自由化削减了关税收入，而关税收入对贫穷国家则更重要（见上文）。因此，这是一个简单的算术问题：即使支出和其他税收收入不变，但贸易自由化之后必然会出现财政失衡。

在一些国家，私有化收入暂时抵消了由于贸易自由化所造成的一些关税收入损失。但以这种方式抵消损失的关税收入的潜力，受限于潜在私有化项目的有限性。迄今为止，关于私有化的研究表明，其在长期来看增加收入和减少预算赤字的潜力是有限的。

全球新自由主义金融改革也在发展中国家的财政失衡中发挥了作用。随着商业银行取代政府和多边机构成为主要贷款人（见第9.2和10章），这些改革既促进了外国贷款利率的上升，也促进了发展中国家企业和政府的过度借款（以及过度贷款）。货币贬值在灵活汇率时代已成为普遍现象，它也增加了偿还外债的成本（见上文第11.1节）。外债偿还费用高是发展中国家预算赤字增长的一个关键因素。拉美国家是有大量预算赤字的国家的典型例子，这些国家的巨额预算赤字很大程度上是由于偿还其外债的成本造成的。

具有讽刺意味的是,造成财政赤字的重要原因是新自由主义贸易和金融改革,而不是新自由主义者认为的与失败的凯恩斯主义有关的挥霍支出。事实上,最近的一项研究发现,与金融自由化相关的政府债务的较高利息支付和与贸易自由化相关的税收收入损失的结合效应,可能导致财政赤字增加6%—7%(Toye 2000)。

国际货币基金组织通常要求发展中国家不仅要平衡预算,而且要在每年的结构调整计划中做到这一点。即使有人愿意接受平衡预算的固有优点(我们不接受),但这种年度要求没有意义。更合理的做法是,建议各国在一个商业周期内平衡预算,这样政府支出就可以增加(减少),以抵消经济衰退(繁荣)期间私人部门支出的减少(增加)。

财政政策不应受制于对预算平衡的痴迷。

发展中国家对预算平衡的迷恋是错误的。预算赤字本身并不损害投资者信心、造成通货膨胀或阻碍私人投资。经验证据表明,外国和国内投资者不回避高赤字国家,前提是增长前景良好和/或有吸引力的投资机会。

新自由主义者声称,必须始终避免预算赤字,因为它们会导致通胀,但这种说法没有证据支持。与政府支出相关的经济活动的增加,并不一定会在产能严重过剩的国家造成通货膨胀(正如大多数发展中国家的情况)。经验证据并不支持中央银行通常用增加货币供应(从而导致通货膨胀)来货币化预算赤字的说法。西肯和汉(Sikken and de Haan, 1998)对这一问题的仔细研究表明,发展中家的预算赤字和货币供应之间的关系远比大多数新自由主义者所承认的要复杂得多。

从历史上看,欧洲大陆、美国和日本经济快速增长的时期,与庞大的公共开支计划、甚至巨额预算赤字有关。

"二战"后国内的大量公共开支得到了与马歇尔计划相关的巨大国际公共支出的补充。工业化国家在20世纪60年代快速增长时期用于公共支出的水平非常高。例如,在1960年,瑞典的公共支出占其GDP的比重为31%,德国为32.4%,美国为27.2%,英国为32.2%(Navarro 2001)。最近,有针对性的公共支出在亚洲新兴工业化国家的快速增长中发挥了关键作用。20世纪40年代至60年代拉丁美洲的公共支出(特别是巴西、阿根廷和墨西哥)在这一时期对经济增长起到了很大的促进作用。在没有强调政府支出的作用的情况下,不可能解释这里所调查的增长经验。

即使新自由主义者鼓吹财政紧缩和预算平衡的优点,但工业化经济体仍保持着较高的公共支出水平。它们的公共支出中有很大一部分是赤字融资。1999年,瑞典公共支出占GDP的比为55.1%,德国为44.8%,荷兰为43.2%,美国为32.7%,英国为37.8%。工业化国家之所以能够有高水平的公共开支,是因为它们有良好的税基和成功的税收。因此,发展中国家的决策者必须仔细考虑任何政策变化对税基的影响,并采取步骤改进税收(关于后一个问题,见下文)。

尽管存在加强税收和征管的合法需要,但必须注意的是,精心设计的公共支出方案不应因执迷于避免预算赤字而受挫。就此而论,很难想象工业化国家会维持发展中国家目前所期望的那种财政紧缩。事实上,工业化国家的财政赤字仍然相当高,尽管它们的税基和征税率很大。1991年至1995年期间,瑞典公共赤字占GDP的比重为8%[①],德国为3%,荷兰为3.3%,美国为2.9%,英国为5.6%(Navarro 2001)。长期以来,德国政府一直提倡在欧洲推行财政紧缩政策;但在2002年初,其预算赤字与GDP之比升至2.7%,这一事实令德国十分窘迫。在2001年911事件后,美国总统乔治·布什也很快放弃了他保持平衡预算的承诺。

公共投资既不逊于也不阻碍私人投资。

新自由主义关于私人投资的优势大于公共投资弊端的争论经不起推究。从发展的角度来看,两种形式的投资本身都没有好坏之分。任何投资的生产力(就经济增长和社会目标而言)都取决于诸多因素,如资源的可用性、经济战略计划的质量等等。然而,私人部门不能也不应该被期望去启动那些在政府手中会更为妥善适当的项目(比如对基础设施的投资)。

新自由主义所声称的私人投资优于公共投资是没有实证基础的。私人投资与公共投资一样容易受到政治扭曲、浪费和内幕交易的影响。同样,私人投资和公共投资都可能涉及不当的激励措施。这种可能性在对失败企业提供公共援助的情况下尤其明显。新自由主义者通常抨击对国有或准公共企业的纾困,理由是它们鼓励了糟糕的企业管理。但一些大型私人企业在他们破产时也会接受政府救

[①] 这主要是由于20世纪80年代后期发生的新自由主义金融改革引发的银行危机。

助，而且这些救市措施也会带来不正当的激励措施。

最后，挤出效应论点的逻辑基础极其薄弱，尽管它对新自由主义者具有强大的意识形态吸引力。目前尚不清楚，如果私人投资水平一开始就如此之低，发展中国家的私人部门将如何或为何会被公共投资挤出市场。更有可能的是，公共投资将会对私人投资产生"挤入"或鼓励效应。在教育、卫生、基础设施、技术和通讯方面的公共投资显然是私人投资的先决条件或共同条件。

值得一提的是，新自由主义者痛斥政府借款，理由是这会导致国内利率上升，从而排挤私人投资。但奇怪的是，他们并不担心与他们所支持的国内金融自由化计划相关的高利率会排挤私人投资的可能性（另见第10章）。

拒斥新自由主义对收入政策的观点

新自由主义者承认需要更好的税收，但其重视程度远不如削减开支。

如前所述，新自由主义最近开始承认发展中国家的税收问题。显然，如果发展中国家的政府增加税收并减少个人和企业偷税漏税的机会，他们将拥有更多的资源可供支配。然而，新自由主义者在处理与税收有关的问题时，没有像他们致力于促进削减支出和财政平衡那样热情。如果国际货币基金组织和各国政府投入大量资源来增加税收，并减少强有力的参与者逃避纳税的机会，那么政府预算约束的力度将大大减弱。增加税收将增加可用于公共支出的资源，并减少需要新借款来资助新支出的可能性。

关于支出政策的替代性政策

持续的经济增长和社会进步有赖于战略性、精心设计和管理良好的政府支出的增长。

对于那些有着严重的社会弊病和很低的甚至负的经济增长率的经济体来说，沉迷于财政紧缩（预算平衡更是如此）显然是不合适的。发展中国家无法承受过度的财政限制，也没有理由将预算平衡作为一项关键的政策目标。

跨国和历史经验表明，战略性、设计良好和管理良好的公共支出方案对促进经济增长、投资和缓解重大社会弊病至关重要。例如，证据表明，卫生服务和初等教育减少了贫困并促进了经济增长。此外，研究发现，交通和通讯方面的公共投资与经济增长密切相关（Easterly and Rebelo 1993）。许多工业化国家（更不用说东亚新兴工业化国家）的经验强调了政府支出在工业、农业、基础设施、社会和教育计划方面的重要性（另见第 7.1—7.2 和 9.4 节）。

关于收入政策的替代性政策

公共支出的增加必须与增加税收收入和减少逃税有关。

显然，一项促进公共投资和改善社会支出的增长方案至少需要增加一些征税和收入。下述为几种可以探索的途径。

第一种途径是更仔细地审查像贸易和金融自由化等各种经济政策变化对收入的影响。只要税收收入损失不能用其他方式弥补，就不应进行这些改革。此外，对外国跨国公司（尤其是那些在出口加工区经营的企业）的免税期应根据其税基成本进行认真审查（见第

9.4章）。

第二种途径是减少逃税的机会。国内居民（尤其是富人）经常通过资本外逃逃避国内税收义务。因此，外国银行和多边机构支持的资本管制可以减少资本外逃对税基的负面影响（见第9.2—9.3章）。同样重要的是，要减少国内和外资企业经常使用的逃税方法。跨国公司在这方面值得特别提及，因为他们已被证明特别擅长通过转让定价来逃避税收，这使得他们可以在低税率国家纳税（见第9.4章）。跨国公司所产生的就业和其他利益必须与它们强加给东道国经济造成的税收成本相权衡。

增加税收的第三种途径是重新设计增值税，以累进增值税取代所得税（Toye 2000）。证据表明增值税制度比基于收入的税收制度（所得税制）更具有"收入有效性"，因为它们更难以逃避。这种更大的收入生产力可以大大消除发展中国家因税收困难对公共支出造成的限制。[①]尽管新自由主义者也认为增值税的作用越来越大，但这一提议与我们主张实行的一种"累进"的增值税不同，即免除购买基本必需品和工资商品的税收，并对奢侈品的购买征收重税（Toye 2000）。

第四种增加税收的途径是引入金融投机税，包括外币交易税、股票转让税和短期国际私人资本流动税（见第9.2—9.3章）。[②]国

[①] 例如，有一项研究发现，发展中国家在1980年代后期通过收入和社会保障税提高了税收收入，而这一税收仅相当于其国内生产总值的3.38%。相比之下，工业化国家在同一时期通过收入和社会保障税提高的税收收入相当于其国内生产总值的17.35%（Toye 2000）。

[②] 货币投机税通常被称为托宾税。该税是用诺贝尔经济学奖得主——经济学家詹姆斯托宾的名字命名的，他在1974年发表的一篇论文中首次提出了该税。

家税务机关可以对股票转让和短期国际资本流动征税;联合国等国际机构可以对货币投机征税,并将这些税收收入重新分配给发展中国家(或将其用于资助重要的全球发展计划)。尼桑克(Nissanke 2003)发现,对全球外汇交易实行征税有可能增加大量收入(同时也减少金融波动)。例如,她提出的收入预测估计,对全球货币投机征收的税每年可能增加170亿到350亿美元。[1] 在穷人没有参与金融资产交易的情况下,对投机的征税具有累进税的优点。

---

[1] 参见 Grabel 2003d 关于其他类型投机税的收入潜力的估计。

结论：重诉发展的障碍和机遇

在前面的章节中，我们探讨了新自由主义发展过程的错误基础。我们已经看到的情况是，新自由主义经济政策是基于薄弱的理论、经验、制度和/或历史依据。相比之下，我们已经表明，在经济政策的关键领域有无数的替代方案，可以用于更迅速、公平、稳定和可持续的发展。后者包括贸易、工业、私有化、知识产权、外国银行借款、证券投资和外国直接投资、国内金融监管、汇率和货币、中央银行和货币政策，以及政府收入和支出。通过这项工作，我们希望打败过去25年围绕新自由主义议题的必胜观念。

在我们探索替代性政策时，我们认为任何特定政策的适用性取决于具体的国情，如资源禀赋、外汇稀缺性、接近主要市场、社会和政治条件，等等。在可能的情况下，我们提供了关于最适合特定国家情况的政策类型的指导。

最后，我们已经表明，与新自由主义政策议程的许多方面不同，我们阐述的替代经济政策在经济理论中有一个坚实的基础（例如参见Chang 2003的文章）。在大多数情况下，替代性经济政策的必要性和可行性得到有关当今富裕国家发展战略和轨迹的历史证据的支持,和/或由若干发展中国家最近的经验支持。当然,我们不能援引以往的记录来支持我们推进的那些更具创新性或实验性的政策。但我们认为,发展中国家今天面临的巨大挑战使得决策者更有创造性地思考政策选择变得更加重要。

我们清楚地知道,即使是我们最赞同的读者也会回应这本书,通过提醒我们,在过去的25年中,全球经济规则的变化使我们讨论的一些替代性政策难以(甚至不可能)在发展中国家实施。持怀疑态度的读者会正确地援引国际货币基金组织、世界银行和世界贸易组织、各种国际协定(诸如自由贸易协定、捐助国政府、私人国际贷款机构以及国内和国际投资团体)出台的新自由主义政策来给我们施压。我们当然不否认这些行动者给发展中世界带来的严重限制。然而,我们认为,把他们的权力和影响视为绝对和不可改变的,这既是宿命论,也是错误的。如果是这样,那么今天的发展中国家就没有什么希望了。

在我们看来,迫切需要的是替代性经济政策的倡导者不应将当前全球环境的规则视为固定的。改写全球规则总是有可能的,当然也是必要的。我们意识到这并不容易,尤其是在美国政府越来越奉行单边主义的情况下。然而,改写规则不应被视为一项不可能完成的任务。现在,长期以来对新自由主义政策在发展中国家(和其他地区)实行的批评者拥有大量的证据支持他们反对这个失败的政策体制。我们对新的跨境社会运动的数量和力量感到鼓舞,而这些社会运动拒斥新自由主义、企业主导的全球化和反民主的多边机构与协定。我们当然希望我们的工作有助于政策制定者和活动人士就新自由主义政策的积极替代方案进行对话。

在当前这个关键时刻,新自由主义政策的长期批评者可能会发现,他们与那些最近对新自由主义议程的某些方面感到幻灭的人有一些共同点。例如,现在相当没有争议的是,发展中经济体应该受到保护,免受资本流动自由化带来的金融危机的影响;私有化方案不应简单地将资源从一个内部集团转移到另一个内部集团;而且,面对预算赤字,逃税至少与削减支出同等重要。只要有可能,就可以而且应该在政策讨论中利用这些达成一致的领域。

同样重要的是承认,我们所讨论的许多替代性政策即使在全球环境没有根本改变的情况下,也可以采用。我们在第二部分讨论的很多政策在近几年来都已成功运用,或者今天在某些国家仍在使用(并且没有受到国际投资者或放贷人的惩罚)。例如,我们讨论的许多(但不是全部)针对贸易产业和知识产权的战略如今都没有被世界贸易组织明确禁止。在我们提出的金融、投资和货币政策方面,国际货币基金组织的情况也是如此。同时,一个国家的政策制定者可能会发现,在经济的某些部分,将新自由主义政策与其他领域的替代性政策结合起来是可能的。例如,贫穷小国的政策制定者可能会建立一个自由贸易区,欢迎在某些行业采取不受监管的外国直接投资以赚取外汇,同时对经济其他部门的外国直接投资实行限制性政策,以促进技术进步(见例如第9.4章)。

发展中国家的政策制定者也可以共同努力,提高他们推行替代经济政策的能力。在这方面,发展中国家之间的区域主义和/或双边经济协定可以成为提高与外部行为者讨价还价能力的重要途径,特别是对于非常贫穷和/或非常小的国家（Demartino 1999）。此外，发展中国家之间的政策协调可能会降低政策试验的成本和风险。例如，协调使用资本管制可能会降低金融不稳定性，增加流向所有发展中国家的资本流动（Grabel, 2003a）。在这方面，在替代性政策方面具有积极经验的较大发展中国家在倡导新制度方面可以发挥重要的领导作用。

更加迅速、公平、稳定和可持续发展的希望已经被那些执着于新自由主义正统观念的经济学家和政策制定者推迟了太久，以至于他们既不能想象也不赞同任何替代性政策。他们以异乎寻常的专注甚至自大的态度追求新自由主义议程。这种影响是毁灭性的：在新自由主义试验之后，我们发现了人类近代史上前所未有的巨大痛苦、不平等和绝望。

幸运的是，玛格丽特·撒切尔（Margaret Thatcher）是错误的。有许多替代性政策（事实上是大量的替代性政策）可以开始顺利兑现经济发展的承诺。我们在这里提出了许多这样的替代方案，希望能巩固这一说法。

毫无疑问，"重诉发展"的需求从未像现在这样迫切。我们提供这本书，作为对这项任务的一个小小的贡献。

参考文献

Amsden, A. (1989) *Asia's Next Giant*, New York: Oxford University Press.
Arestis, P. and P. Demetriades (1997) 'Financial development and economic growth: Assessing the evidence', *Economic Journal* 107 (442): 783—99.
Ariyoshi, A., K. Habermeier, B. Laurens, I. Otker-Robe, J, Canales-Kriljenko and A. Kirilenko (2000) *County Experience with the Use and Liberalisation of Capital Controls*, Washington DC: IMF.
Atkinson, A, (2002) Top incomes in the united kingdom over the twentieth century5, mimeo, Nuffield College, Oxford.
Bird, G. and R. Ramkishen (2001) Tnternational currency taxation and currency stabilisation in developing countries, *Journal of Development Studies* 37 (3): 21—38.
Baker, D. (2000) 'Something new in the 1990s? Looking for evidence of an economic transformation', in J. Madrick (ed.), *Unconventional Wisdom: Alternative Perspectives on the New Economy*, New York: Century Foundation Press.
Baker, D. (2002) 'Business Week restates the 1990s — Incorrecdy?', *Challenge* (45) 4, August: 122-8.
Barro, R. (1996) 'Inflation and growth', *Review of Federal Reserve Bank of St. Louis* 78: 153—69.
Berger, A., N. Miller, M. Petersen, R. Raajan, and J. Stein (2001) 'Does function follow organizational form? Evidence from the lending practices of large and small banks', NBER paper, December.

Berger, S. and R. Dore (eds) (1996) *National Diversity and Global Capitalism*, Ithaca: Cornell University Press.

Blinder, A. (1997) 'Is government too political?', *Foreign Affairs* 76 (6):115—27.

Bogetic, Z., (2000) 'Full dollarization: Fad or future?', *Challenge* 43 (2):17—48.

Brittan, L. (1995) 'Investment liberalisation: The next great boost to the world economy5, *Transnational Corporations* 4 (1).

Bruno, M. (1995) 'Does inflation really lower growth?', *Finance and Development* 32 (3), September: 35—8.

Bruno, M. and W Easterly (1996) 'Inflation and growth: In search of a stable relationship', *Review of Federal Reserve Bank of St Louis*, May/June: 139—46.

Calvo, G. and C. Reinhart (2002) 'Fear of floating?', *Quarterly Journal of Economics* 117 (2): 379—408.

Chang, H.-J. (1994) *The Political Economy of Industrial Policy*, London: Macmillan.

Chang, H.-J. (2001) 'Rethinking East Asian industrial policy—Past records and future prospects', in P.-K, Wong and C-Y. Ng (eds), *Industrial Polly, Innovation and Economic Growth*, Singapore: Singapore University Press.

Chang, H.-J. (2002) *Kicking Aivay the Ladder*, London: Anthem Press.

Chang, H.-J. (ed.) (2003), *Rethinking Development Economics*, London: Anthem Press.

Chang, H.-J. and D. Green (2003) The Northern WTO Agenda on Investment:Do as we say, not as we did, London and Geneva, South Centre-CAFOD (Catholic Agency for Overseas Development) joint working paper, June.

Clements, B., S. Gupta and J, Schiff (1996) 'Worldwide military spending, 1990—95', *IMF Working Paper* No. 96/64, June.

Cohen, S. (1977) *Modern Capitalist Planning The French Model*, Berkeley: University of California Press.

Cornia, G. A. (2003) 'Globalisation and the distribution of income between and within countries', in H.-J. Chang (ed.) *Rethinking Development Economics*,

London: Anthem Press.

DeMartino, G. (1999) 'Global neoliberalism, policy autonomy, and international competitive dynamics', *Journal of Economic Issues* 33 (2):343—9.

DeMartino, G. (2000) *Global Economy, Global Justice; Theoretical Objections and Polity Alternatives to Neoliberalism*, London: Routledge.

Demirgiic-Kunt, A. and E. Detragiache (1998) 'Financial liberalization and financial fragility', *International Monetary Fund Working Paper* No. 83.

Dodd, R. (2000) 'The role of derivatives in the East Asian crisis', Derivatives Study Center, Washington DC, unpublished paper.

Easterly, W and S. Rebelo (1993) 'Fiscal policy and economic growth', *Journal of Monetary Economics* 32: 417—58.

Economic Commission for Latin America and the Caribbean (ECLAC) (2002) *Globalisation and Development*, Santiago: ECLAC/CBPAL.

Economic Report of the President (ERP) (2001), 107th Congress, 1st session, Washington DC: US Government Printing Office.

Eichengreen, B., R. Hausmann, J. Von Hagen (1999) 'Reforming budgetary institutions in Latin America', *Open Economies Review* 10: 415—22.

Eijffinger S. and J. de Haan (1996) The political economy of central bank independence, *Special Papers in International Economics*, No. 19, Princeton University.

Eichengreen, Barry (2001) 'Capital account liberalization: What do cross country studies tell us?', *World Bank Economic Review* 15 (3): 341—65.

Epstein, G. (2001) 'Financialization, rentier interests, and central bank policy', Department of Economics, University of Massachusetts-Amherst, unpublished paper.

Epstein, G., I. Grabel and K.S. Jomo (2003) 'Capital management techniques in developing countries: An assessment of experiences from the 1990's and lessons for the future', in A. Buira (ed.), *Challenges to the World Bank and IMF*, London: Anthem Press.

Evans, D. (1989) *Comparative Advantage and Growth*, New York: Harvester Wheatsheaf.

Evans, P. (1987) 'Class, state, and dependence in East Asia: Lessons for Latin Americanists', in F. Deyo (ed.), *The Political Economy of the New Asian Industrialism*, Ithaca: Cornell University Press.

Financial Ernes (2001) 'Strong global patent rules increase the cost of medicines', 14 February: 20.

Fischer, S. (2001) 'Exchange rate regimes: Is the bipolar view correct?', *Journal of Economic Perspectives* 15 (2): 3—24.

Gerschenkron, A. (1962) *Economic Backwardness in Historical Perspective*, Cambridge MA: Harvard University Press.

Grabel, I. (1995) 'Speculation-led economic development: A post-Keynesian interpretation of financial liberalization in the Third World', *International Review of Applied Economics* 9 (2): 127—49.

Grabel, I. (1996) 'Marketing the third world: The contradictions of portfolio investment in the global economy5, World Development 24 (11): 1761—76.

Grabel, I. (1997) 'Savings, investment and functional efficiency: A comparative examination of national financial complexes', in R. Pollin (ed.), *The Macroeconomics of Finance, Saving, and Investment*, Ann Arbor: University of Michigan Press, 251—97.

Grabel, I. (2000) The political economy of "Policy Credibility": The newclassical macroeconomics and the remaking of emerging economics, *Cambridge Journal of Economics* 24 (1): 1—19.

Grabel, I. (2002) 'Neoliberal finance and crisis in the developing world', *Monthly Review* 53 (11), April: 34—46.

Grabel, I. (2003a) 'Averting crisis: Assessing measures to manage financial integration in emerging economies', *Cambridge Journal of Economics* 27 (3): 317—36.

Grabel, I. (2003b) 'Predicting financial crisis in developing economies: Astronomy or astrology?', *Eastern Economics Journal* 29 (2): 245—60.

Grabel, I. (2003c) 'Ideology, power and the rise of independent monetary institutions in emerging economies', in J, Kirshner (ed.) *Monetary Orders: Ambiguous Economics, Ubiquitous Politics*, Ithaca: Cornell University Press, 25—

52.

Grabel, I. (2003d) 'The reserve and double dividend potential of taxes on international private capital flows and securities transactions', *World Institute for Development Economics Research* (*WIDER*), Discussion paper No. 2003/83.

Grabel, I. (2004) 'Trip wires and speed bumps: Managing financial risks and reducing the potential for financial crises in developing economies', paper prepared for the XVIIIth Technical Group Meeting of the Group of Twenty-Four, Geneva, 8—9 March.

Grieve-Smith, J. (2002) 'Exchange rates management', paper prepared for the conference of the coalition for New Rules for Global Finance, 23—24 May 2002, www.new-rules.org/Conference/conference.html.

Held, D., A. McGrew, D. Goldblatt and J. Perraton (1999) *Global Transformation*, Cambridge: Polity Press.

Helleiner, E. (1994) *States and Reemergence of Global Finance*, Ithaca, NY: Cornell University Press.

Johnson, C. (1982) *MTTI and the Japanese Miracle*, Stanford: Stanford University Press.

Julius, D. (1994) 'International direct investment: Strengthening the policy regime', in G, Kenen (ed.), *Managing the World Economy*, Washington DC: Institute for International Economics.

Kaplan, E. and D. Rodrik (2001) 'the Malaysian capital controls work?', in S. Edwards and J. Frankel (eds) *Preventing Currency Crises in Emerging Markets*, Chicago: University of Chicago Press, 393—441.

Kirshner, J. (2000) 'The political economy of low inflation', *Journal of Economic Surveys* 15 (1): 41—70.

Krueger, A. (1980) 'Trade policy as an input to development', *American Economic Review* 70 (2).

Krugman, P. (ed.) (1988) *Strategic Trade Polity and the New International Economics*, Cambridge MA: MIT Press.

Krugman, P. (2002) 'For richer', *New York Times*, 20 October, 62—7, 75—7, 141—2.

Kuczynski, P.-P. andj. Williamson (eds) (2003) After the Washington Consensus Washington DC: Institute for International Economics.

Levin, R., A. Klevorick, R, Nelson and S. Winter (1987) 'Appropriating the returns from industrial research and development', Brookings Papers on Economic Activity, No. 3.

Litde, I., T. Scitovsky and M. Scott (1970) *Industry and Trade in Some Developing Countries - A Comparative Study*, London: Oxford University Press.

Machlup, F. and E. Penrose (1931) 'The patent controversy in the nineteenth century', *Journal of Economic History* 10 (1).

Maddison, A. (1989) *The World Economy in the Twentieth Century*, Paris:OECD.

Mas, I. (1995) 'Central bank independence: A critical view from a developing country perspective', *World Development* 23 (10): 1639—52.

Maxfield, S. (1997) *Gatekeepers of Growth*, Princeton: Princeton University Press.

Milberg, W (1998) 'Globalisation', in R. Kozul-Wright and R. Rowthorn (eds), *Transnational Corporations and the World Economy*, London:Macmillan.

Mowery, D. and Rosenberg, N. (1993) 'The US national innovation system', in R.Nelson (ed.), *National Innovation Systems - A Comparative Analysis*, Oxford: Oxford University Press.

National Law Centre for Inter-American Free Trade (1997) 'Strong intellectual property protection benefits the developing countries', www.natlaw.com/pubs/spmxipii.htm.

Navarro, V. (2001) The end of full-employment and expansionist policies?', *Challenge* 44 (5): 19—29.

New York Times (2002) 'Gains of 90s did not lift all, census shows', 5 June, A1, A20.

Nissanke, M. (2003) The revenue potential of the currency transaction tax for development finance/World Institute for Development Economics Research (WIDER), Discussion Paper No. 2003/81.

Odagiri, H. and A. Goto (1993) 'The Japanese system of innovation', in R. Nelson (ed.), *National Innovation Systems - A Comparative Analysis*,Oxford: Oxford University Press.

O'Rourke, K. and J. Williamson (1999) Globalisation and History: The Evolution of Nineteenth-Century Atlantic Economy, Cambridge MA: MIT Press.

Palast, G. (2000) 'Keep taking our tablets (no one else's)', *Observer*, 23 July, Business Section, 7.

Palley, T. (2000) 'Stabilizing finance: The case for asset-based reserve requirements', Financial Markets and Society, August.

Palma, G. (2000) 'The three routes to financial crises: The need for capital controls', CEPA Working Paper Series III, No. 18, New School University, New York.

Pilling, D. (2001) 'Patents and patients', *Financial Times*, 17—18 February.

Prasad, E., K. Rogoff, S.J. Wei and M. Kose (2003) 'Effects of financial globalization on developing countries: Some empirical evidence', www.imf.org/external/np/res/docs/2003/031703.htm.

Rodriguez, F. and D. Rodrik (2001) 'Trade policy and economic growth—A skeptic's guide to the cross-national evidence', N B ER Macroeconomics Annual 2000, Cambridge MA: MIT Press.

Rodrik, D. (1998) 'Who needs capital-account convertibiiity?', in P. Kenen (ed.), Should the IMF Pursue Capital-Account Convertibility, Princeton Essays in International Finance, No. 207, 53—63.

Rodrik, D. (2002) 'After neoliberalism, what?', paper presented at 'Alternatives to Neoliberalism', a conference of the Coalition for 'New Rules for Global Finance', 22—23 May, Washington DC.

RAFI (Rural Advancement Foundation International) (2000) RAFI Communique 66, September/October.

Sachs, J. and A. Warner (1995) 'Economic reform and the process of global integration', Brookings Papers on Economic Activity, No. 1.

Schiff, E. (1971) *Industrialisation without National Patents: The Netherlands, 1869—1912 and Switzerland, 1890—1909*, Princeton: Princeton University Press.

Sikken, B. and J. de Flaan (1998) 'Budget deficits, monetization, and central-bank independence in developing countries', Oxford Economic Papers 50: 493—511.

Singh, A. (1995) 'How did East Asia grow sofast? - Slow progress towards an analytical consensus', UNCTAD Discussion Paper No.97, Geneva, United Nations Conference on Trade and Development (UNCTAD).

Singh, A. and B. Weisse (1998) 'Emerging stock markets, portfolio capital flows and long-term economic growth: Micro and macroeconomic perspectives', *World Development* 26 (4): 607—22.

Standgate, T. (1999) *The Victorian Internet*, London: Phoenix.

Tobin, J. (1984) 'On the efficiency of the financial system', *Uayds Bank Review* 153: 1—15.

Toye, J. (2000) 'Fiscal crisis and fiscal reform in developing countries', *Cambridge Journal of Economies* 24 (1): 21—44.

United Nations Development Program (UNDP) (various years) *Human Development Report*, Oxford: Oxford University Press.

Vaitsos, C. (1972) 'Patent revisited: Their function in developing countries', *Journal of Development Studies* 9 (1).

Velde, F. and M. Veracierto (2000) 'Dollarization in Argentina', *Federal Reserve Bank of Chicago Economic Perspective*, First Quarter: 24—55.

Wade, R. (1990) *Governing the Market*, Princeton: Princeton University Press.

Weisbrot, M., D. Baker, E. Kraev and J. Chen (2001) 'The scorecard on globalization 1980—2000', *Center for Economic Policy Research*, September, www.cepr.net/globalization/scorecard_on_globalization.htm.

Weller, C. (2001) 'Financial crises after financial liberalisation: Exceptional circumstances or structural weakness?', *Journal of Development Studies* 58 (1): 98—127.

Weller, C. (2001) and A. Hersh (2002) 'The long and short of it: Global liberalization, poverty and inequality', Economic Policy Institute, Washington DC, unpublished paper.

Williamson, J. (2002) *Exchange Rate Regimes for Emerging Markets: Reviving the Intermediate Option*, Washington DC: Institute for International Economics.

Williamson, J. and M. Mahar (1998) 'A survey of financial liberalization', Princeton Essays in International Finance, No. 211, November.

Wolff, E.N. (2000) 'Why stocks won't save the middle class', in J. Madrick (ed.), *Unconventional Wisdom: Alternative Perspectives on the New Economy*, New York: Century Foundation Press.

Wbo-Cumings, M. (ed.) (1999) *The Developmental State*, Ithaca: Cornell University Press.

World Bank (1985) *World Development Report*, New York: Oxford University Press.

World Bank (1995) *Bureaucrats in Business*, New York: Oxford University Press.

World Bank (2002) *World Development Report 2002*, Oxford: Oxford University Press.

World Bank (various years) *Global Development Finance*, Washington DC: World Bank.

推荐延伸阅读的文献

7.1 Neoliberal

[1] Bhagwati, J. (1985) *Protectionism*, Cambridge MA: MIT Press.

[2] World Bank (1987) *World Development Report 1987*, New York: Oxford University Press,

Alternative

[1] Chang H.-J. (2002) *Kicking Away the Ladder - Development Strategy in Historical Perspective*, London: Anthem Press, ch. 2.

[2] Helleiner, G. (1990) Trade strategy in medium-term adjustment, *World Development* 18 (6).

7.2 Neoliberal

[1] Lindbeck, A. (1981) Industrial policy as an issue in the economic environment, *The World Economy* 4 (4).

[2] World Bank (1993) *East Asian Miracle*, New York: Oxford University Press.

Alternative

[1] Amsden, A. (1989) *Asia's Atext Giant*, New York: Oxford University Press.

[2] Chang, H.-J. (1994) *The Political Economy of Industrial Policy*, London: Macmillan.

8.1 Neoliberal

[1] Wodd Bank (1983) *World Development Report*, Part I, esp. chs 4—8.

[2] World Bank (1993) *Bureaucrats in Business*, New York: Oxford University Press.

Alternative

[1] Chang, H.-J. and A. Singh (i 993) 'Public enterprises in developing countries and economic efficiency', *UNCTAD Review* 4; shortened version reprinted in H.-J. Chang (2003), *Globalisation, Economic Development and the Role of the State*, London: Zed Books.

[2] Cook, P. and C. Kirkpatrick (eds) (1988) *Privatisation in Less Developed Countries*, Brighton: Harvester Wheatsheaf.

8.2 Neoliberal

[1] Primo Braga, C. (1996) 'Trade-related intellectual property issues: The Uruguay round agreement and its economic implications', in W. Martin and A. Winters (eds), *The Uruguay Round and the Developing Countries*, Cambridge: Cambridge University Press.

[2] National Law Centre for Inter-American Free Trade (1997) 'Strong intellectual property protection benefits the developing countries' ,www.natlaw.com/pubs/spmxip 11.htm.

Alternative

[1] Chang, H-J. (2001) 'Intellectual property rights and economic development: Historical lessons and emerging issues', *Journal of Human Development* 2 (2).

[2] UNDP (1999) *Human Development Report*, New York: Oxford University Press.

9.1 Neoliberal

[1] International Finance Corporation (IFC) *Emerging Stock Markets Facebook*, Washington DC: IFC, various years.

[2] International Monetary Fund (IMF), *Annual Report on Exchange Restrictions*, Washington DC: IMF, various years.

Alternative

[1] Grabel, I. (2003) International private capital flows and developing countries, in H.-j. Chang (ed.), *Rethinking Development Economics*, London: Anthem Press, 323—4J.

9.2 Neoliberal

[1] Cline, W. (1995), International Debt Reexamined, Washington DC: Institute for International Economics.

Alternative

[1] George, S. (1990) *A Fate Worse than Debt: The World Financial Crisis and the Poor*, London: Pluto Press.

[2] Payer, C. (1991) *Lent and Lost*, London: Zed Books.

9.3 Neoliberal

[1] Edwards, S. (1999) 'How effective are capital Controls?', *Journal of Economic Perspectives* 13 (4).

[2] Edwards, S. (2001) 'Capital mobility and economic performance: Are emerging economies different?', National Bureau of Economic Research Working Paper 8076.

Alternative

[1] Ffrench-Davis, R, and H. Reisen (eds) (1998) Capital Flows and Investment Performance, Paris: ECLAC Development Centre and OECD.

[2] United Nations Conference on Trade and Economic Development (UNCTAD) (1997) International Monetary and Financial Issues for the 1990s, Research papers from the Group of Twenty-four, vol. 8.

9.4 Neoliberal

[1] Julius, D. (1994) 'International direct investment Strengthening the policy regime', in G. Kenen (ed.), *Managing the World Economy*, Washington DC: Institute for International Economics.

[2] UNCTAD, *World Investment Report*, various years, New York: UNCTAD.

Alternative

[1] Chang, H.-J. (1998), 'Globalisation, transnational corporations, and economic development', in D. Baker, G. Epstein and R, Pollin (eds), *Globalisation and Progressive Economic Policy*, Cambridge; Cambridge University Press.

[2] Helleiner, G. (1989) 'Transnational corporations and direct foreign investment', in H. Chenery and T.N. Stinivasan (eds), *Handbook of Development Economics*, vol. 2, Amsterdam: Elsevier.

10 Neoliberal

[1] Fry, M. (1995) *Money, Interest, and Banking in Economic Development*, Baltimore: Johns Hopkins University Press.

[2] Levine, R. (1997) 'Financial development and economic growth: Views and agenda', *Journal of Economic Literature* 33: 688—726.

Alternative

[1] Brownbridge, M. and C. Kirkpatrick (2000) Financial regulation in developing countries', *Journal of Development Studies* 37 (1): 1—24.

[2] Diaz-Alejandro, C. (1983) 'Good-bye financial repression, hello financial crash', *Journal of Development Economics* 19: 1—24.

11.1 Neoliberal

[1] Deepak L. (2001) 'Convertibility and the Asian crisis', in W. Mahmud (ed) Adjustment and Byond, London: Palgrave, 318—21.

[2] Hanke, S. and K. Schuler (1994) Currency Boards for Developing Countries, San Francisco: International Center for Economic Growth.

[3] LeBaron, B. and R. McCulloch (2000) 'Floating, fixed or super-fixed? Dollarization joins the menu of exchange-rate options', *American Economics Review* 90 (2): 32—7.

Alternative

[1] Joshi, V. (2001) 'Capital controls and the national advantage: India in the 1990s and beyond', *Oxford Development Studies* 29 (3).

[2] Sachs, J. and F. Larrain (1999) 'Why dollarization is more straightjacket than salvation', *Foreign Policy*. 81—92,

11.2 Neoliberal

[1] Meyers, j. (2001) 'Inflation targets and inflation targeting', Federal Reserve Bank of St. Louis 83 (6): 1—14.

Alternative

[1] Bowies, P. and G. White(1994)'Central bank independence: A political economy approach', *Journal of Development Studies* 31 (2): 235—64.

[2] de Carvalho, C.(1993—1996)'The independence of central banks: A critical assessment of the arguments', *Journal of Post-Keynesian Economics* 18 (2): 159—75.

[3] Grabel, I.(2000)The political economy of "policy credibility": The newclassical macroeconomics and the remaking of emerging economies, *Cambridge Journal of Economics* 24 (1): 1—19.

11.3 Neoliberal

[1] Poterba, J. and J. von Hagen(eds)(1999)*Fiscal Institutions and Fiscal Performance*, Chicago: University of Chicago Press.

Alternative

[1] Rudra, N.(2002)'Globalization and the decline of the welfare state in less-developed countries', *International Organisation* 56 (2): 411—45.

[2] Toye, J. and C. Jackson(1996)'Tublic expenditure policy and poverty reduction: Has the World Bank got it right?', *IDS Bulletin* 27 (1).

图书在版编目(CIP)数据

重诉发展:替代性经济政策指南/(英)张夏准,(美)艾琳·格拉贝尔著;袁辉译.—北京:商务印书馆,2023
ISBN 978-7-100-21849-8

Ⅰ.①重… Ⅱ.①张… ②艾… ③袁… Ⅲ.①经济学—研究 Ⅳ.①F0

中国版本图书馆CIP数据核字(2022)第245901号

权利保留,侵权必究。

重诉发展:替代性经济政策指南

〔英〕张夏准 〔美〕艾琳·格拉贝尔 著
袁辉 译

商 务 印 书 馆 出 版
(北京王府井大街36号 邮政编码100710)
商 务 印 书 馆 发 行
北京市白帆印务有限公司印刷
ISBN 978-7-100-21849-8

2023年4月第1版	开本850×1168 1/32
2023年4月北京第1次印刷	印张7½

定价:55.00元